데마고그
트럼프

염철현 지음 **한승주** (고려대 명예교수) 감수

DEMAGOGUE
TRUMP

박영사

미국의 제45대 대통령 도널드 트럼프(Donald J. Trump)는 2020년 11월 3일 치러진 대통령 선거에서 전국 투표인과 선거인단으로부터 각각 7천 400여 만 표(46.9%)와 232표를 받았지만, 8천 100여 만 표(51.3%)와 306표를 받은 조 바이든(Joe R. Biden) 전 부통령에게 패해 재선에 실패하였다. 그는 실제로는 자신이 승자였으나 바이든과 민주당이 획책한 대규모의 부정선거로 승리를 탈취당한 것이라고 주장하며 열성 지지자들을 선동하여 그들이 미국의 의사당에 난입하는 초유의 사태가 발생하였다.

그 결과 트럼프는 '반란 선동죄(crime of incitement to rebellion)'로 하원에서 2019년에 이어 두 번째의 탄핵소추를 받아 상원에서는 탄핵에 필요한 3분의 2(67표)에 4표가 부족한 63표를 받아 겨우 파면을 면하였다. 그러나 상원의 탄핵 가부 투표가 이뤄진 2021년 2월 2일은 트럼프의 임기가 끝나고 바이든이 제46대 대통령에 취임하고 2주일이 지난 시점이었으므로 설령 탄핵이 결정되었다 하더라도 트럼프의 임기에 영향을 준 것은 아니었다. 가까스로 탄핵을 면한 트럼프는 앞으로 연방정부의 대통령을 다시 맡을 가능성을 열어놓았다.

트럼프는 대선에서 패배하면서도 전체 투표자의 47%에 해당하는 7천 400여 만 표를 얻어 그의 정치 생명이 완전히 끝났다고 볼 수는 없다. 그러나 그의 몰상식하고 비윤리적이고 염치도 없고 비합리적인 통치 행태를 경험한 대부분의 상식 있는 미국인은 트럼프가 미국 역사상 최악의 대통령이었고 미국이 다시는 그러한 사람을 대통령으로 당선시켜서는 안 된다는 데 동의하고 있다. 트럼프가 대통령직을 마치기 전인 2021년 1월 7일 자 <워싱턴포스트>와 <ABC> 방송의 공동여론조사에서는 트럼프 대통령에 대한 부정적인 견해가 66%, 긍정적인 견해가 29%로 나타났다.

미국은 2020년 11월 선거가 끝나고 상당한 시간이 경과했지만, 트럼프는 선거패배를 승복하기는커녕 선거사기(election fraud)로 바이든에게 승리를 도적질 당했다는 '대담한 거짓말(big lie)'을 지속적, 반복적으로 주장함에 따라 정치 양극화뿐 아니라 사회분열로 국가 전체가 골머리를 앓고 있다. 의회가 공식적으로 2020년 대선결과의 승자는 바이든으로 선포하였고, 2021년 1월 20일 제46대 대통령에 취임했음에도 불구하고, 트럼프는 바이든의 선거승리는 대폭적인 부정선거 때문에 생겨난 결과이고 사실은 트럼프 본인이 승리자인데 바이든이 선거에서 자신의 승리를 훔쳐갔다고 주장하고 있다.

트럼프는 선거가 끝난 후 조지아, 미시간, 애리조나, 펜실베이니아 등 경쟁이 치열했던 주(州) 의회가 바이든의 승리를 승인하는 것을 막고, 주

행정부가 그것을 확인하는 작업을 방해하는 행동도 서슴지 않았다. 심지어 2021년 1월 6일에는 친(親)트럼프적 음모론의 본산이며 극우성향의 정치세력인 큐어넌(QAnon) 회원들을 포함하는 적극 지지자들을 선동하여 의회가 선거결과를 확인하지 못하도록 방해하기 위하여 연방의사당에 침입하여 난동을 벌이게 하고 사상자를 내는 반란 행위를 저지르게 했다.

트럼프의 이러한 반민주적이고 비윤리적인 행태를 보면서 그에 대한 몇 가지 의문이 제기되는 것은 당연한 일이다.

1. 갖은 비행, 추문, 탈세, 부당 이익 취득, 횡령과 사기, 수시로 내뱉는 거짓말에도 불구하고 어떻게 30~40%의 단단한 지지층을 유지하고 있는가?
2. 미국 대통령으로서 최초로 기소된 트럼프에 대한 법정공방은 어떻게 진행될 것인가?
3. 트럼프가 대통령까지 지내고 대통령직에서 퇴임한 후에도 공화당에서 큰 영향력을 행사하고 심지어 2024년 대선에서 유력한 대선 후보로 행세하는 것은 어떻게 설명해야 할 것인가?
4. 트럼프의 행운(요행)은 앞으로도 계속될 것인가?
5. 트럼프가 미국과 세계에 끼친 영향은 무엇인가? 미국인과 세계인에게 주는 교훈과 경종은 무엇인가?

지구상에서 가장 견고한 민주주의 정치체제를 운영하면서 외국에 민주주의를 보급하는 국가로 자부하는 미국조차도 트럼프라는 한 개인에 의해 국가의 질서가 무너지는 것은 물론이고 그의 터무니없는 거짓말과 선동에 동조하는 사람들을 보면서 이 책의 집필을 결심했다. 정치적, 사회적 영향력이 큰 개인이 '대담한 거짓말'로 국기(國基)를 흔들고 여론을 가르는 등 몰염치하고 비상식적인 일이 미국에서만 벌어지는 것은 아니다.

우리나라의 정치를 보아도 유사한 현상이 벌어지고 있다. 정치인들이 팬덤을 이용하면서 추종자들의 편향된 사고체계를 부추기고 사회를 사분오열시키고 있다. 생물학적 바이러스는 백신 접종으로 퇴치할 수 있지만, 세계에서 가장 영향력이 큰 미국의 대통령직에 있는 사람이 퍼뜨린 정치적, 이념적 바이러스는 그 해악이 엄청날 뿐 아니라 퇴치를 위한 백신조차 구하기 쉽지 않다는 점에서 트럼프의 사례를 통해 역지사지의 교훈을 찾아보고자 한다.

트럼프는 우리나라에서도 학자, 저술가, 학생 등 많은 사람의 관심을 끄는 인물이다. 그에 대해 다룬 도서와 간행물 등은 생각보다 훨씬 많다. 2023년 2월 기준, 국회도서관 검색창에 '트럼프'를 입력하면 도서자료 612개, 학위논문 35편, 연속간행물 및 학술기사 4,829개, 멀티미디어 자료 77개 등 전체 5,583개의 간행물이 뜬다. 국내에서도 '개인 트럼프', '대통령 트럼프', '트럼프 행정부'에 대한 관심이 그만큼 높다는 방증이다. 아마존 검색창에 'Trump'를 입력하면 수백 종에 이르는 책과 기념품 목록이 검색창을 가득 메우고 있다.

트럼프에 대한 미국 국민의 폭발적인 관심과 반응은 어떤 정치 이론으로도 명쾌한 해석을 내놓기 어렵다는 점에서 '트럼프 숭배(The cult of Trump)'로 밖에는 설명할 길이 없을 듯하다. 그가 기업가, 대통령으로서 상식에 맞는 말을 하고 행동을 했으면 이렇게 높은 관심을 유발하지 않았을 것이라는 생각을 해본다. 그에 대한 높은 관심은 다분히 그의 비상식적이고 비도덕적이며 지극히 무책임한 기행(奇行) 때문이었을 것이다.

책의 제목을 놓고 꽤 오랫동안 고민을 했다. 트럼프는 미국 같은 나라의 대통령으로서 자질이 안 될 뿐만 아니라 인간으로서도 상식 있는 사람으로서 낙제점을 받아야 할 인물이다. 처음에는 "트럼프라는 인간"이라는 책 제목을 생각했다. 그러나 아무리 되지 못한 사람이라도 일국의 대통령까지 한 사람에 대한 책의 제목으로는 적절하지 못하다는 생각을 하게 되었다. 트럼프라는 한 인간의 말과 행동을 생각할 때는 "트럼프라는 인간"을 붙이면 후련한 마음이 생기지만, 미국이라는 나라를 제대로 대접하지 못하는 것으로 느껴져 생각을 바꿨다. 고민 끝에 생각해 낸 것이 "데마고그 트럼프(Demagogue Trump)"이다.

트럼프가 기업인에서 정치인으로 변신하여 우리에게 보여준 말과 행동을 종합적으로 분석할 때 그를 압축적으로 표현할 수 있는 단어는 '데마고그(demagogue)', 즉 '정치 선동가'라는 착안에서 비롯됐다. 트럼프를 '정치 선동가'로 규정하자 비로소 그에 대한 다방면의 접근이 가능해졌다. 이 책에서는 트럼프가 퍼뜨린 트럼피즘과 이것을 추앙하는 트럼피스트, 2020년 대선패배를 승복하지 않고 선거사기라는 거짓말로 지지자를 선동하고 의사당 난입 사태를 유발한 '대담한 거짓말', 인종차별주의자로서 트럼프, 미국 우선주의 잣대로 국제사회에 협박과 압력을 서슴지 않았던 트럼프식 외교, 소셜미디어를 활용하여 트럼피즘이라는 바이러스를 퍼뜨린 트위터 정치, 법을 사적으로 악용하고 대통령 권한을 남용한 사례, 부정과 부패의 온상인 트럼프와 그 가족이 연루된 범죄와 법적 분쟁, 트럼프에게 끌려다니며 이러지도 저러지도 못하고 있는 공화당의 운명, 2024년 대선 재도전에 출사표를 던진 트럼프의 정치적 미래 그리고 트럼프가 우리나라에 미친 영향 등 트럼프와 관련된 다양한 측면에 대해 기술할 것이다.

이 책에서 시도한 '정치 선동가 트럼프'에 대한 다각적인 분석에 따르면, 트럼프와 같은 반민주적이고 비윤리적인 정치인이 미국과 국제사회에 끼친 해악은 말로 표현할 수 없을 정도다. 트럼프는 미국만이 아니라 세계적으로도 영향력이 지대한 대통령 재임 중과 퇴임 후에도 자신을 비판하는 사람과 언론을 공격하고 자신에게 불리한 판결을 내리는 판사를 욕하거나 조롱하는 등 혐오와 차별을 선동했다. 오랫동안 민주주의 정치 체제를 운영해 온 미국과 같은 나라의 국민도 일개 정치인 트럼프의 거짓 선동과 분열 책동에 휩쓸려 사회가 분열되고 정치가 양극화로 치달아 급기야 그의 열성 지지자들이 민의(民意)의 전당인 의사당에 무력 진입하여 폭동 사태를 일으켰다. 민주주의의 성채를 쌓기는 어려워도 그것을 무너뜨리는 것은 한 순간임을 보여주는 장면이었다. 수성이 창업보다 어렵다는 말이 괜히 생기지 않았을 것이다. 트럼프가 보여준 대선결과에 대한 불복과 그가 부추겨 흥분한 지지자들의 의사당 난입 사태는 미국 민주주의의 위기만이 아니라 세계 민주주의의 위기로 볼 수 있다.

결코 남의 나라의 이야기로만 치부할 일도 아니다. 우리나라 국민과 정치권에도 경종을 울리는 사태가 아닐 수 없다. 우리나라 정치도 극단적인 진영 정치와 정치의 팬덤화로 양식 있는 국민이라면 정치에 염증을 느끼고 있다. 온라인의 팬덤리더는 있어도 정당리더는 부재한 정치실종 또는 마비상태라고 할 것이다. 오죽했으면 정치가 4류 소설만도 못하다는 탄식을 하겠나 싶다. 만약 우리나라에 트럼프와 같은 정치인이 등장하여 그가 대통령직을 맡는다고 생각하면 그 부작용을 어떻게 감당할지 끔찍한 일이 아닐 수 없다. 그런 정치인은 발을 붙이지 못하게 해야 하지만, 그런 정치인이 있다면 절대 당선시키지 말아야 할 것이다. 부디 이 책이 우리나라 정치와 국민에게도 유용한 교훈과 함의를 제공하길 기대한다.

이 책의 집필과 관련하여 외무부 장관과 주미(駐美)대사를 역임한 고려대학교 한승주 명예교수님이 아이디어와 함께 전체적인 뼈대를 잡아주시고 꼼꼼한 감수로 집필에 필요한 영감과 구체적인 방향을 자문해 주셨음을 밝힌다. 오랫동안 대학과 정부 그리고 민간연구소에서 우리나라의 국익 외교를 위해 연구하고 국제 외교 무대에서 왕성한 활동을 하신 한 교수님은 민주주의가 깊이 뿌리내린 미국과 같은 국가의 최고 지도자가 지지층을 선동하면서 국가 시스템을 망가뜨리고 국민들을 분열시켜 궁극적으로는 민주주의를 위기에 빠트릴 수 있다는 위기감과 경각심을 더 많은 사람과 공유하기 바라셨다. 또한 한 교수님은 다시는 트럼프와 같은 지도자가 나와서도 안 되겠지만 설령 그런 사람이 국가 지도자로 출마한다고 해도 절대 뽑아서는 안 된다는 확고한 생각을 갖고 계셨다. 무엇보다 한 교수님은 '데마고그 트럼프'를 통해 특정 개인과 정당에 유리한 정치적 세력 규합과 선거 승리를 위해 포퓰리즘을 이용하고 팬덤화된 진영 정치를 전가의 보도처럼 휘두르는 우리나라 정치와 정치인에게도 경종을 울리고 유익한 교훈을 찾고자 하셨다.

이 기회를 빌려 집필에 필요한 식견을 충분히 갖추지 못했음에도 후학이 새로운 세계에 발을 내딛도록 깊이 배려하시고 졸고의 출간에 이르기까지 물심양면의 전폭적인 지원을 아끼지 않으신 한승주 교수님께 감사와 존경을 표하며 이 책을 헌정한다. 저자가 집필 과정에서 트럼프 개인뿐 아니라 미국의 입법부, 사법부, 행정부의 유기적인 관계는 물론 미국 정치와 민주주의에 대해 두루 공부할 수 있었던 것은 큰 행운이었다고 생각한다.

마지막으로 트럼프와 관련된 책은 여러 종류가 출간되어 시장에서 레드 오션이 된 지 오래되었을 뿐 아니라 어려운 출판 환경에도 불구하고 출간을 결정한 박영사의 안종만 회장님, 안상준 대표님과 졸고를 좋은 책으로 만들기 위해 혼신의 노력을 기울여 주신 노현 이사님, 편집부의 양수정 선생님 그리고 디자인부 여러분께도 고마운 마음을 전하고 싶다.

2023년 6월

북촌 화정관에서

염철현 드림

차 례

01 트럼피즘과 트럼피스트   01

02 대담한 거짓말   21

03 가장 덜 인종차별적인 사람   35

04 트럼프의 3무(無) 외교   49

05 트위터 정치   65

06 법의 정치적 이용   77

07 법적 분쟁   101

08 공화당의 운명   129

09 2024년 대선의 향배   151

10 데마고그 트럼프   173

11 트럼프가 한국에 미친 영향   189

부록 트럼프와 바이든의 2024년 대선 출마 연설문   213

트럼피즘과
트럼피스트

Demagogue
Trump

Demagogue Trump

트럼피즘과
트럼피스트

미국의 대통령 선거는 전 세계의 뉴스가 되고 있지만, 어느 정당의 어떤 후보가 대통령이 될 것인가는 더 큰 관심거리다. 미국의 대통령이 세계에 미치는 영향력이 어느 지도자보다 상대적으로 크기 때문일 것이다. 2016년 11월 8일, 미국 민주당 힐러리 클린턴(Hillary R. Clinton) 후보와 공화당 도널드 트럼프(Donald J. Trump) 후보가 경합한 대통령 선거는 두 가지 점에서 주목을 받았다.

첫째는 힐러리 클린턴 후보가 쉽게 승리할 것이라는 대다수 선거 전문가와 언론의 예측을 뒤엎고 트럼프 후보가 승리했다. 미국의 주요 언론은 개표 직전까지만 해도 힐러리 클린턴의 당선을 거의 확실시했다. <뉴욕타임스>는 힐러리 클린턴의 당선 확률을 84%, <허핑턴포스트>는 98%로 봤다. (심지어 트럼프 후보 대선팀도 그가 선거에서 승리할 것으로 믿지 않았고, 출구조사에서는 61%의 유권자가 그가 대통령이 될 자격이 없다고 응답했다.) 선거 결과는 뚜껑을 열어봐야 안다.

힐러리 클린턴 후보는 득표수(득표율 48.2%)에서는 트럼프 후보의 득표수(득표율 46.1%)보다 약 3백만 표를 더 얻었지만, 선거인단 확보(트럼프 후보 304명, 힐러리 클린턴 후보 227명)에서 지고 말았다. 후보자는 주별 유권자 득표수에서 승리하는 것이 1차 관문이라면, 선거인단수에서 승리해야 최종 관문을 통과할 수 있는데, 2016년 대선은 2000년 대선 결과를 재현했다. 힐러리 클린턴 후보는 2000년 대선에서 민주당 후보였던 앨 고어(Al Gore)가 공화당의 조지 W. 부시(George W. Bush) 후보에게 득표수에서 앞서고도 선거인단에서 패해 대권 도전에 실패했던 전철을 밟았다.

| 2016년 대선에서 연설하는 트럼프

둘째는 미국 정치권의 아웃사이더로 등장하여 공화당 대통령 후보가 된 트럼프가 '트럼피즘(Trumpism)'이라는 신조어를 유행시키면서 선거

▌2017년 1월 20일, 트럼프 대통령 취임식

돌풍을 일으켰다. 트럼프는 백인 보수층의 권익을 옹호하면서 유세현장
에서 멕시코 이민자를 강간범으로 묘사하거나,[1] 미국·멕시코 접경지역
에 장벽을 설치하여 불법이민자가 넘어오지 못하도록 하겠다고 공약했
다. 또한 환태평양경제동반자협정(TPP)의 폐기, 자유무역협정(FTA) 재협
상, 주한미군철수 등 국제협약을 파기하고 미국 우선주의를 관철하겠다

---

1 트럼프는 히스패닉 이민자를 공격하면서 2016년 대선 캠페인의 시작을 알렸
  다. "멕시코에서 미국에 사람들을 보낼 때, 그들은 가장 좋은 사람을 보내지
  않습니다. (…) 그들은 우리 같이 좋은 사람을 보내지 않습니다. 그들은 마약
  을 가지고 옵니다. 그들은 범죄를 가지고 옵니다. 그들은 강간범입니다."
  <Klein, Ezra. (2020). *Why we're polarized.* NY: Simon & Schuster. 황성
  연 옮김. (2022). 《우리는 왜 서로를 미워하는가》. 파주: 월북.>

는 정책을 공약으로 내세웠다. 트럼프의 주장이나 공약은 당시 미국 주류 정치계의 주장과는 동떨어진 것으로 평가받았지만 자극적이고 선동적인 포퓰리즘적 언행으로 유권자들의 기성 정치권에 대한 반감을 조장하는 트럼피즘이라는 기현상을 불러일으켰다.

2016년 미국 대선을 기점으로 수면 위로 떠오른 트럼피즘을 이해하기 위해서는 대선 이전 미국에서 일어났던 사회경제적 현상을 살펴볼 필요가 있다. <월스트리트저널>은 2016년 5월 11일자 "'트럼프 신드롬'의 핵심은 일자리 부족"이라는 제하의 기사에서 2008년 금융위기 이후 미국 경제에 대한 분노와 상실감이 트럼피즘에 기름을 붓는 원인이 되었다고 진단했다. 럿거스대 존 헬드리치 인력개발센터(John L. Heldrich Center for Workforce Development)가 2010년 9월 미국인을 대상으로 리먼사태2 이후 높은 실업률의 원인을 물었을 때, '값싼 외국인 노동력', '불법이민', '월가 은행가들'이라는 응답률이 가장 높은 것으로 나타났다. 미국 노동부에 따르면 리먼사태가 한창이던 2007년 12월~2009년 6월, 4,000만 명의 근로자가 해고됐고, 1,400만 명이 일자리를 찾거나 시간제 일자리에 매달리고 있었다. 25~54세 백인 남성의 경제활동참가율도 지

---

2 2008년 9월 15일 미국의 투자은행 리먼브러더스 파산에서 시작된 글로벌 금융위기를 칭하는 말이다. 리먼 파산은 미국 역사상 최대 규모의 기업 파산으로, 파산 보호를 신청할 당시 자산 규모가 6,390억 달러였다. 리먼 파산은 서브프라임모기지(비우량 주택담보대출)의 후유증으로 발생한 미국발 금융위기가 현실화된 상징적인 사건이다. 부동산 가격 하락으로 가치가 떨어지고 있는 금융상품에 대한 과도한 차입과 악성 부실자산으로 촉발된 리먼사태의 영향은 전 세계로 급속히 확산됐다. <기획재정부. (2020). 《시사경제용어사전》.>

속적으로 떨어지는 추세였다. 대선 경쟁이 한창이던 2016년 4월 기준 미국 실업률은 2010년 10%의 절반 수준인 5%로 경기가 나쁘지 않았지만 해고된 사람들이 정규직으로 복직하지 못하고 시간제 일자리의 낮은 임금을 받으면서 '임금절벽'에 시달리고 있었다고 지적했다. 유권자들은 외국의 불법 노동자에게 일자리를 빼앗기는 판에 그나마 얻은 일자리도 낮은 임금을 받는다는 불만이 팽배했다.

특히 2011년 9월 미국 사회의 경제 불안과 부조리에 항의하는 대학생, 화이트칼라, 실업자 등 고학력 저임금 세대가 뉴욕 월스트리트에서 '월가를 점령하라(Occupy Wall Street)'

| '월가를 점령하라' 시위

는 시위를 하며 미국을 경제위기에 빠뜨리고서도 수백만 달러의 퇴직금을 챙겨 떠나는 월가 최고경영자들에게 분노했다. 젊은 세대들은 '부자는 더 부자가 되고 가난한 사람은 더 가난해진다'는 마태효과(Matthew Effect), 즉 부익부 빈익빈의 소득 양극화와 불평등 문제를 수면 위로 올려놓았다. 트럼피즘은 미국에서 수면 위로 부상한 실업, 소득 양극화, 불평등, 불법이민자 유입과 백인의 역차별 등 다양한 이슈가 트럼프의 등장으로 결합 상승하게 되었다는 분석이다.

트럼피즘을 21세기판 '반(反)엘리트주의'로 보는 시각도 많다. 미국의 언론과 지식인들은 수준 이하의 막말과 비상식적인 트럼프 공약이 유권자들에게 먹혀들고 결국 대통령에 당선된 트럼프를 이해하기 위해 반엘리트주의에서 실마리를 찾았다. 트럼프에게 투표했던 대부분의 유권자는 백인 노동자와 중서부 농민, 러스트벨트3의 백인노동자 등 엘리트와 거리가 멀다고 여기는 다수의 사람이었다. 이들은 트럼프의 극단적 선동에 열광하면서 트럼프가 자신들의 권익을 옹호해줄 것이라 믿었다. 트럼피즘은 집단의 정체성을 내세워 지성을 배제 또는 혐오하고, 반대 세력을 악마화하는 파시즘, 나치즘, 중국의 문화혁명, 캄보디아의 크메르루주, 매카시즘 등 반엘리트주의와 동급으로 취급받는다. 트럼피즘의 핵심을 이루는 두 가지 축은 자신과 다른 세력에 대한 혐오화와 악마화로 요약할 수 있다.

2016년 대선에서 언론과 선거 전문가들조차 트럼피즘의 부상과 파급효과를 제대로 분석하지 못했던 것 같다. 트럼프에 열광하고 그에게 투표했던 유권자의 표심은 여론조사 통계에 포함되지 않아 2016년 11월 대선에서 미국의 유력 언론들은 힐러리 클린턴 후보의 절대 유리한 여론조사를 발표하는 불명예를 얻었다. (2016년 10월에 발표된 전국 여론조사에서 민주당 힐러리 클린턴 후보가 트럼프 후보에게 적게는 4%에서 최대 12%를 앞섰다.) '샤이 트럼프(Shy Trump)' 현상이 언론이나 여론조사기관의 통

---

3 러스트 벨트(Rust Belt)는 미국의 중서부 지역과 북동부 지역의 일부 영역을 표현하는 호칭으로, 자동차 산업의 중심지인 디트로이트를 비롯 미국 철강 산업의 메카인 피츠버그, 그 외 필라델피아, 볼티모어, 멤피스 등이 속한다. 주별로는 미시간, 인디애나, 오하이오, 펜실베이니아가 이 지역에 속한다.

계 오류에 유의미한 영향을 미쳤다는 분석이다.

샤이 트럼프는 친(親)트럼프 성향의 유권자들로 이들은 트럼프를 지지하지만 주변의 눈을 의식해 여론조사에 참여하지 않거나 정확하게 답하지 않을 가능성이 있는 침묵하는 지지층이다. 트럼프 지지자는 곧 저학력자의 백인이라거나 인종차별주의자라는 나쁜 이미지가 있기 때문이었다. 2020년 11월 대선에서도 2016년 대선과 마찬가지로 트럼프에 대한 공개적인 지지는 감추면서 투표장에선 트럼프를 찍는 샤이 트럼프 현상이 일어났다. (2020년 10월 발표된 전국 여론조사에서 트럼프 후보는 바이든 후보에게 작게는 7%, 최대 12%까지 밀렸지만, 결과는 바이든 후보 51.4%, 트럼프 후보 46.9%로 박빙의 승부였다.)

트럼피즘이 유행할 당시만 해도 트럼프의 노선이나 사상을 의미하는 말은 아니었다. 당시 정치권과 언론에서는 트럼피즘은 트럼프가 자극적인 언행으로 대중을 선동하거나 지지자들이 트럼프의 극단적 주장에 열광하는 현상쯤으로 규정했다. 트럼피즘은 막말을 쏟아내는 트럼프(Trump)와 일관된 목표와 방향을 가지고 규칙적, 지속적 행동 또는 운동을 뜻하는 주의(ism)를 합성하는 것은 어울리지 않는다는 지적도 있었다. 트럼피즘은 트럼프와 포퓰리즘(populism)의 합성어가 더 어울린다는 주장도 설득력 있게 들렸고, 트럼프가 쏟아내는 막말을 믿고 그를 광적으로 지지하는 추종자를 지칭하는 트럼피스트(Trumpist)의 요구를 대변하는 선동적인 포퓰리즘으로 생각되었다.

문제는 트럼프가 대통령에 취임한 뒤 막말이나 여론 선동 포퓰리즘성 발언이 국정의 주요 의제가 되고 국가가 추구하는 정책으로 구체화되었다는 것이다. 국가의 최고 의사결정자가 쏟아낸 정제되거나 검증되지 않은 막말이 국가에서 추구하는 핵심의제로 자리를 잡게 되면서 대선판을 뜨겁게 달궜던 트럼프 현상이 미국 우선주의, 우파 보수주의, 인종차별주의 등과 결합하면서 트럼피즘으로 진화하게 되었다.

트럼피즘의 골격은 '미국 우선주의(America First)'와 '위대한 미국 복귀(Make America Great Again)'를 기조로 하여 정치적으로는 기성 정치 체제에 대한 거부와 고립주의, 경제적으로는 보호주의, 사회적으로는 실용주의로 집약될 수 있다. 사업가 출신에 트럼피즘의 숙주가 된 트럼프는 모든 의사결정을 미국의 국익이란 잣대로 들이댔다. 그에게는 국제사회가 보편적 가치로 지켜야 할 도덕적 책무감이나 노블레스 오블리주 따위는 안중에도 없었다. 국제협약과 국제기구에서도 탈퇴를 선언했다. 몇 가지 사례를 들어보자.

트럼프는 취임하자마자 대선에서 쏟아냈던 막말을 실행에 옮기기 시작했다. 트럼프는 취임 첫해인 2017년 "파리기후협약(파리협정)이 미국의 일자리를 죽이고 공장을 멈추게 한다"며 탈퇴를 선언하고, 2020년 11월 4일 파리협정에서 공식 탈퇴했다. 파리협정은 기후변화를 막기 위해 미국이 주도하여 195개국이 맺은 최대의 국제협약으로 지구 평균 온도의 상승을 산업화 이전보다 1.5도 이하로 억제하여 온실가스 순배출량을 '제로'로 만들어 탄소중립을 달성하자는 국제협약이다. 파리협정엔 온실가스 배출 1위와 3위인 중국과 인도 등 전 세계 195개국이 서명했다. 미국은 온실가스 배출 세계 2위 국가다.

파리협정은 2015년 12월 제21차 당사국총회(COP21, 파리)에서 채택된 후 2016년 11월 4일 국제법으로 효력이 생겼다. 트럼프는 대통령에 취임하자마자 파리협정에서 곧바로 탈퇴하고 싶었지만 발효된 지 3년 후에야 탈퇴할 수 있다는 유예조항 때문에 그럴 수 없었다. 트럼프는 파리협정에서 탈퇴하기 전에도 기후변화를 막기 위한 규제가 미국의 경제에 악영향을 미친다는 이유를 들며 온실가스와 관련한 규제를 완화해 왔다. 트럼프는 파리협정 탈퇴 선언 이후 개발도상국의 기후변화 대응을 지원하기 위해 조성된 녹색기후기금(GCF)에 지급하기로 약속한 20억 달러 지급도 거절했다. 미국은 트럼프가 탈퇴한 파리협정에 2021년 1월 바이든 대통령 취임 후 복귀했다.

트럼프의 파리기후협약 탈퇴를 항의하는 시위

트럼피즘의 특징 중 하나는 국익 앞에서는 동맹도 적도 없다는 것이다. 국제무역시스템의 토대가 되는 세계무역기구(WTO)에 대해 비판적 태도를 보였던 트럼프는 미국이 WTO로부터 큰 불이익을 받고 있다면서 WTO의 방식이 바뀌지 않으면 탈퇴까지 불사하겠다는 으름장을 놓았다. 트럼프는 북대서양조약기구(NATO) 회원국들에 방위비 분담금 증액을 압박하며 무역 문제와 연계하여 방위비 분담금을 제대로 내지 않는 국가에는 관세 등의 보복을 가해, 그에 상응하는 액수만큼 받아내겠다는 엄포성 발언을 하기도 했다. 트럼프의 국정

운영의 우선적인 기조는 미국의 국익에 조금이라도 손해가 나거나 미국 노동자의 일자리를 빼앗는 국제기구나 국제협약과는 단절하는 것이다.

임기 중에 협박성 엄포, 으름장, 거짓말, 선동, 분열 획책, 편 가르기를 서슴지 않았던 트럼프는 2020년 대선이 끝나고 그의 임기가 얼마 남지 않은 2021년 1월 6일에 그 본색을 만천하에 드러냈다. 이날은 의회가 상·하원 합동회의를 열어 각 주별 선거인단 투표 결과를 확인하고 바이든의 대통령 당선을 공식 인증하는 날이었다. 미국인의 대표가 모여 미국의 새로운 지도자를 확정하는 엄숙한 이날, 미국 헌정사에서 그 유례를 찾아볼 수 없는 최악의 오점을 기록한 최악의 사건이 일어났다.

수천 명의 트럼피스트가 선거 결과에 이의를 제기하기 위해 조직된 '미국을 구하라(Save America)' 집회에 모여 트럼프의 연설을 듣고 의사당으로 행진했다. 트럼프를 지도자로 떠받들고 트럼프를 교주(敎主)인 양 추앙하며 그의 말이라면 무조건 진실이라고 믿고 행동하는 큐어넌

▌트럼프의 집회에 등장하는 큐어넌

(QAnon)4을 포함한 트럼피스트들이 폭도로 변해 미국 민주주의의 상징인 국회의사당(U.S. Capitol)에 난입하여 무력 점령하고 기물을 파괴하고 약탈했다. 트럼피스트들의 민주주의에 대한 테러였다. 워싱턴 DC에 야간통행금지령이 내려지고 의사당 건물이 폐쇄되었으며 사상자도 발생했다. 당국은 난입 사건에 참여한 725명을 체포했으며 225명을 폭력 등의 혐의로 기소해 20여 명은 이미 유죄를 선고받았다.5

---

4 큐어넌은 트럼프를 교주처럼 떠받들고 추종하는 극우 강성 지지층으로 음모론의 집합체이면서 '트럼피즘' 바이러스를 미국과 전 세계에 퍼뜨리는 디지털 전사(digital army)다. QAnon은 알파벳 Q(미국 에너지부의 최고 기밀 취급 등급)와 익명(Anonymous)의 합성어로 '익명의 Q'를 의미한다. Q들은 다양한 음모 이론을 만들어내면서 정부 안에 깊숙이 뿌리박혀 정권이 교체되어도 살아남아 기득권 세력의 이익을 추구하는 비밀 세력, 즉 딥 스테이트(Deep State)를 무너뜨리기 위해 트럼프를 지지한다고 주장하면서, 트럼프를 정부, 산업, 언론 등을 접수한 '반(反)미국적' 소아성애자인 엘리트 사탄 무리에 맞서 비밀전쟁을 수행하는 영웅으로 묘사한다. 트럼프의 열렬 지지자들은 '큐'의 메시지를 유튜브, 페이스북, 트위터를 통해 전파하면서 트럼프를 반대하거나 비난하는 진영과 사람들을 악마화하면서 분노와 증오를 부추기고 있다. 이들의 시위에서는 '우리는 언제든 함께 한다(Where we go one, we go all)' 또는 줄임말 'WWG1WGA'를 볼 수 있다. 구호에서도 맹목적인 충성의 뉘앙스를 풍긴다. [양수연. (2021). 《시사IN》. <'트럼프 천국, 불신 지옥' 재림 꿈꾸는 큐어논>. 11월 29일.]

5 트럼프는 2022년 1월 20일 텍사스주 콘로에서 열린 '미국을 구하라' 집회 연설에서 지지자들을 향해 "2020년 대선은 조작됐으며 바이든은 선거 도적질로 승리했다는 주장을 반복하면서, 만약 내가 2024년 대선에 출마해 승리한다면 1월 6일 시위에 참여했던 사람들을 사면할 것이다. 왜냐면 그들은 너무나 불공정하게 대우받고 있기 때문"이라고 말했다. <CNN>의 2023년 3월 5일자 보도에 따르면, 트럼프는 2021년 1월 6일 발생한 '의사당 난입 사태'

▎ 2021년 1월 6일, 트럼프 지지자들의 '의사당 난입 사태'

트럼프 임기 4년간 미국 사회는 극심한 분열과 편 가르기라는 바이러스에 시달렸고 그 중심에는 트럼피즘이 있다. 트럼피즘을 추종하는 트럼피스트 대부분은 백인, 중하층, 고졸 학력의 노동자가 주축이 된 백인우월주의자이다. 트럼프는 선거 이후 근거도 없는 '부정선거' 주장을 하며 지루한 소송전을 벌이다 법적 다툼이 뜻대로 되지 않자 마지막 수단으로 트럼피스트들을 부추겨 의회를 습격해 선거 결과 인증을 막도록 반란을 선동했다. 트럼프는 추종자들에게 '죽도록 싸워라'고 선동했다. 트럼프는

수감자들이 낸 음반에 찬조출연(피처링)을 했다. 해당 음반은 의사당 난입 사태로 수감된 남성들의 합창곡으로 제목은 '모두를 위한 정의(Justice for All)'다. 이 곡은 수감자들이 'J6(January 6을 의미) 감옥 합창'이라는 이름으로 미국의 국가를 부른 것인데, 트럼프가 국기에 대한 맹세를 하는 음성이 재생된다. 트럼프와 그의 극성 지지자들에게 정의(justice)는 지극히 자아도취적이고 주관적이다.

헌법을 수호하고 국가와 국민의 생명과 재산을 보호하는 대통령이 아니라 '실패한 반란'의 수괴였다.6 아래는 '미국을 구하라' 집회에서 트럼프가 터무니없는 거짓말과 근거 없는 말로 지지자들을 선동한 연설의 일부이다.

"이제 우리 민주주의에 대한 이 지독한 공격에 맞서는 것은 의회에 달려 있습니다. 우리는 의회가 옳은 일을 하고 합법적으로 예정된 선거인만 집계할 것을 요구하게 되었습니다. (…) 나는 여기 있는 모든 사람이 곧 의사당 건물로 행진하여 평화롭고 애국적으로 여러분의 목소리를 낼 것임을 알고 있습니다."

"오늘 여기 있는 우리 모두는 대담해진 급진 좌파 민주당원들이 우리의 선거 승리를 훔치고 가짜 뉴스 매체가 훔치는 것을 보고 싶지 않습니다. 그것이 그들이 한 일이고 그들이 하고 있는 일입니다. 우리는 절대

---

6 2022년 6월 28일, 마크 메도스(Mark Meadows) 전 백악관 비서실장의 선임보좌관 캐서디 허친슨(Cassidy Hutchinson)은 연방하원 1·6 조사특위 청문회에서 의사당 난입 사태가 일어났던 당시에 트럼프가 보여주었던 행적을 생생히 증언했다. 2020년 12월, 대선 후 트럼프는 윌리엄 바(William Barr) 법무장관으로부터 "대선 부정, 조작의 증거는 없다"는 보고를 받은 후 격분하여 점심을 먹던 중 접시를 식당 벽에 던졌다고 증언했다. 그는 "트럼프가 의회 폭동이 일어났던 날 의사당으로 가겠다고 고집을 부리면서 경호원의 목을 조르며 운전대까지 탈취하려 했으며, 의사당이 무장한 폭도들에게 점거되었는데도 대통령과 측근들이 아무 일도 하지 않는 것을 두고 충격을 받았다"고 증언했다.

포기하지 않을 것입니다. 우리는 결코 양보하지 않을 것입니다. 그런 일은 일어나지 않습니다. 선거도둑질이 관련되어 있으면 양보하지 않습니다. 우리는 더 이상 그것을 받아들이지 않을 것입니다. 그리고 여러분 모두가 생각해낸 가장 좋아하는 용어를 사용하자면, '우리는 도둑질을 멈출 것입니다!'"

"오늘 저는 우리가 이번 선거에서 압승을 거두었고 압승을 거두었음을 증명하는 몇 가지 증거를 제시하겠습니다. 이것은 아슬아슬한 선거가 아니었습니다. 저는 두 번의 선거를 치렀습니다. 둘 다 이겼고, 이번 두 번째는 첫 번째보다 훨씬 더 많이 이겼습니다. 거의 7,500만 명이 저에게 투표했으며, 이는 미국 역사상 현직 대통령 중 가장 많은 득표입니다. 4년 전(약 6,300만 표)보다 1,200만 명이 더 늘어났습니다. (…) 우리는 지지 않았습니다. 그런데 바이든이 8천만 표를 얻었다고 믿는 사람이 있습니까? 아무도 그것을 믿지 않습니다. 그가 8천만 표를 얻었다고 합니다! 불명예도 이런 불명예가 없습니다. 그런 일은 일어나지 않았습니다. 제3세계 국가의 선거도 이보다 더 정직합니다. 불명예입니다. 어젯밤만 봐도 머리가 잘린 닭처럼 상자를 들고 뛰어다니고 도대체 무슨 일이 일어나고 있는지 아무도 모릅니다. 지금까지 이런 일은 없었습니다. 우리는 그들이 당신의 목소리를 침묵하게 두지 않을 것입니다. 우리는 그런 일이 일어나지 않도록 할 것입니다. 그런 일이 일어나도록 내버려 두지 않을 것입니다."

"우리는 함께 국민의, 국민에 의한, 국민을 위한 정부를 수호하고 지키기로 결심하고 있습니다. 우리는 싸울 것입니다. 죽도록 싸울 것입니다. 만약 죽도록 싸우지 않으면, 당신에게 더는 나라가 주어지지 않을 것입니다."

트럼프는 집회에서 70분간 연설을 했다. 그의 연설은 몇 가지로 요약될 수 있다.

(1) 우리는 선거에서 이겼고, 압승했다.
(2) 우리는 도둑질을 멈추게 할 것이다.
(3) 우리는 절대 포기하지도 인정하지도 않을 것이다.
(4) 우리가 죽기 살기로 싸우지 않으면, 다시는 나라를 갖지 못하게 된다.
(5) 의사당으로 가서 평화롭고 애국적으로 행진해 여러분의 목소리를 내라.

연설문에서 트럼프의 치밀하고 교활한 성격과 선동가적인 정치꾼의 모습이 고스란히 드러난다. 그는 집회에 모인 지지자들에게 '평화롭게 애국적'으로 행동하도록 말하고 있지만, 지지자들에게 "의사당을 무력으로 점거하고 선거 도둑질을 확정 짓는 의원들을 끌어내라"는 무언의 암시를 하고 있다. 트럼프는 어떤 말로 대중을 흥분시켜 행동에 돌입할 수 있는지, 어떻게 하면 법에 저촉되는 말을 피하며 말을 이어갈 수 있는지를 잘 아는 능력의 소유자다.

트럼프의 광적 추종자들인 트럼피스트들의 의사당 난입과 무력 점거

사태를 보면서 미국인은 물론이고 전 세계가 민주 정치에 대한 회의감과 불안감을 동시에 느꼈다. 민주 정치의 모델이라고 생각해온 미국의 수도 한복판에서 그런 일이 벌어질 것이라고는 아무도 생각하지 못했을 것이다. 세계 각국의 정상은 미국 정부의 평화와 질서 있는 정권 이양을 요청했다. 역사적으로 외국에 민주주의를 전파, 보급하고 심지어 세계 각국에 투개표감시단을 파견해온 미국이 외국 정상들로부터 '평화적인 정권 이양'이라는 우려의 목소리를 듣는 치욕스러운 날이었다.

현직 트럼프 대통령의 선거사기 주장에 대해 유럽안보협력기구(OSCE)의 미국 대선 참관단은 2020년 11월 5일 성명을 통해 "신종코로나바이러스(코로나19) 대유행으로 인한 물류적 어려움에도 선거가 잘 관리됐고 사기 행위가 있었다는 증거도 발견하지 못했다"고 밝혔다. 그러면서 "현직 대통령이 선거 체계에 결함이 있다는 근거 없는 주장을 했고, 민주적 기관에 대한 미국민의 신뢰를 훼손했다"는 뼈있는 비판을 했다. 전 세계 13개국 선거 전문가 28명으로 구성된 미주기구(OAS) 소속 국제선거참관단도 2020년 11월 10일 성명을 통해 미국 대선에서 부정 선거는 없었다는 내용의 참관 예비보고서를 발표했다.

독일 나치 치하에서 파시즘을 반대하며 1934년 고백교회(告白敎會)를 설립하여 반히틀러 정권 운동을 이끌었던 마르틴 니묄러(Martin Niemöller) 목사도 칸트와 헤겔과 같은 철학자들의 본고장이며 바흐와 베토벤을 낳은 음악의 본고장인 독일에서 나치의 만행이 가능이나 한 일이냐고 단호하게 일축했었다. 그러나 민중은 언제든 그것이 독일이거나 미국이거나 간에 예측 불허의 행동과 맹신으로 반민주적인 지도자와 체제를 따르고 지지할 가능성을 갖고 있다. 트럼프와 트럼피스트들에게는 미국 민주주의의 표본이 된 헌법과 독립선언문을 토대로 민주 정치를 반석에 올려놓은 조지 워싱턴(George Washington)과 에이브러햄 링컨(Abraham Lincoln) 대통령의 유업(遺業)도 통하지 않았다.

트럼프라는 숙주와 트럼피즘에 심취되어 기생하는 트럼피스트들은 대선승리라는 목적 달성을 위해서라면 거짓말 선동, 선거 도둑질, 선거조작 등의 유언비어를 손바닥 뒤집듯하고 의사당 점령 등도 서슴지 않았다. 민주주의의 성채(城砦)를 쌓기는 어려워도 그것이 허물어지는 것은 한순간이다. 세계 민주주의의 교과서로 불렸던 미국 민주주의의 성채가 내부에서 기생하는 '트럼피즘'을 통해 토대가 흔들리는 허약함을 보는 것은 미국만이 아니라 세계 민주주의의 위기가 아닐 수 없을 것이다.

대담한 거짓말

Demagogue
Trump

제2장
대담한 거짓말

'대담한 거짓말(Big Lie)' 용어의 발상지는 아돌프 히틀러(Adolf Hitler) 다. 히틀러가 《나의 투쟁》(*Mein Kampf*)에서 유대인 혐오를 불러일으키 기 위해 유대인에 대해 거짓말을 퍼트린 것에서 유래했다. 히틀러와 나치 정권은 유대인이 제1차 세계대전 당시 외국 세력과 결탁하여 전시특수를 누렸으며 징집을 기피했다고 비난했다. 히틀러는 독일 국민에게 유대인에 대한 혐오 바이러스를 반복적으로 퍼트리고 확대재생산하는 데 노력했다. '대담한 거짓말'로 유대인 혐오바이러스를 퍼트린 히틀러는 제2차 세계대 전에서 수백만 명의 유대인을 대학살(Holocaust) 하는 원흉이 됐다.

트럼프가 지지자들에게 수없이 반복하여 말하고 있는 '대담한 거짓말' 은 2020년 11월 대선에서 자신의 선거승리가 바이든에게 도적질 당했다 는 거짓 주장이다.[1] 트럼프의 '대담한 거짓말'은 미국 사회를 뒤흔들어

---

1 트럼프의 2020년 미국 대선 사기 주장에 대해서는 <Leonnig, Carol & Rucker, Philip. (2021). *I alone can fix it.* NY: Penguin.> 참조.

| 2021년 1월 20일, 바이든 대통령 취임식

심각한 분열과 갈등을 불러일으켰다. 미국 제46대 대통령 조 바이든 (Joseph R. Biden)이 취임한 지 거의 700일이 지난 2022년 9월 몬머스 대학에서 실시한 여론조사결과에 따르면 공화당원 중 61%는 바이든이 선거사기로 승리를 도둑질했다고 믿고 있었다. (대선이 끝난 2020년 11월 18일 여론조사에서는 공화당원 70%가 바이든의 당선은 선거사기라고 응답했던 것과 비교하면 9% 차이가 났다.)

　2022년 6월 <이코노미스트>의 여론조사, 즉 "바이든이 합법적으로 당선되었다고 생각하느냐?"라는 질문에 대해 공화당원 중 25%, 민주당원 중 90%, 전체 유권자 60%가 그렇다고 대답했다. 놀랍게도 여론조사 결과에 따르면 미국인들 40%는 여전히 바이든이 불법으로 대통령에 당선되었고 트럼프가 억울하게 대통령직을 빼앗겼다고 생각한다. 주목할 점은 시간이 갈수록 바이든 당선의 합법성에 대한 불신이 감소하기는커녕 오히려 증가한다는 점이다. (2022년 1월에는 전체 유권자의 69%가 바이든이 합법적으로 당선되었다고 생각하였다.) 합법적이고 적법한 절차에 따라 당선된 대통령에 대한 국민 불신과 분열이 최고조에 달하고 있다.

왜 이런 일이 일어나는 것일까? 미국 대통령 임기 4년 중 2년을 훨씬 넘긴 현직 대통령의 적법한 당선을 불신하는 이유는 무엇일까? 트럼피즘이라는 숙주(宿主) 때문이다. 숙주는 기생 또는 공생을 하는 생명체에게 영양분과 서식지를 제공한다. 숙주는 생물학과 의과학에서 사용하는 용어지만, 미국 민주주의를 위협하고 국가를 분열시키는 숙주는 트럼프 전 대통령이고 숙주가 트럼피스트에게 제공하는 영양분은 대선 음모론 또는 조작설이다.

트럼프는 바이든에게 부정선거로 선거승리를 도적질 당했다는 '대담한 거짓말'을 퍼뜨리면서 2024년 대선의 공화당 차기 후보로 출마를 공식화하였다. 트럼프는 사법부에 제출할 근거도 제시하지 못하면서 계속하여 거짓말과 가짜 뉴스를 양산하고 끊임없이 진영을 나누고 편 가르기를 시도하면서 선량한 시민의 정상적인 사고 판단을 흐리게 하고 있다. 트럼프는 그를 추종하며 음모론에 심취한 트럼피스트들에게 가짜 정보를 진짜인 것처럼 믿게 만들어 미국 사회를 분열시키고 선동하는 자양분을 제공한다. 트럼프의 부정선거 음모론은 미국 가정에까지 확산되어 음모론의 찬반을 놓고 구성원 간에 극단적인 분열 양상을 보이고 있다.

트럼프가 주장하는 '대담한 거짓말'이라고 주장하는 근거는 무엇일까? <CNN>은 트럼프가 주장하는 터무니없는 근거를 다섯 가지로 요약,

제시한다. 첫째, 트럼프가 선거에서 패배할 가능성이 없기 때문에 선거승리를 도적질 당했다고 주장한다. 트럼프는 처음부터 선거승리를 기정사실화했다. 그러면서 "수백만 개의 변경된 투표 용지가 민주당원에게만 배부되었다", "선거일 밤에 발생한 모든 기계적인 '결함'은 투표를 훔치려다 적발된 것이었다", "필라델피아와 피츠버그에서는 70만 개의 투표 용지가 사라졌다"라는 거짓말을 퍼트렸다. 의회에서 상·하원 합동회의가 열리기 몇 달 전부터 트럼프는 대선 결과가 광범위한 사기의 산물이라며 미국 국민들이 이를 받아들이거나 주 또는 연방 당국이 인증해서는 안 된다며 일방적인 성명을 발표했다. 둘째, 선거를 조작하기 위한 엄청난 기술적 음모가 있었다고 주장한다. 트럼프와 선거캠프에서는 투표 장비 및 소프트웨어 회사가 트럼프에 대해 편향되어 있고 선거 조작을 도왔다고 주장한다.2 셋째, 트럼프는 인터넷에 떠도는 터무니없는 주장을

---

2 실제 2020년 대선에서 트럼프의 거짓 선동을 맹목적으로 추종하며 대선 음모론을 방송한 <폭스 뉴스>는 투·개표기 제조업체 도미니언 보팅시스템이 제기한 명예훼손 소송에서 7억 8,750만 달러(약 1조 400억 원)를 지불하기로 합의하면서 거짓말 보도에 대한 혹독한 대가를 치르게 됐다. 트럼프에 우호적인 보수성향의 <폭스 뉴스>는 2020년 대선 당시 개표기 조작 가능성을 주장한 트럼프 캠프의 대선 사기 음모론을 여러 차례 방송에 내보냈는가 하면, 트럼프 후보에게 찍은 표가 바이든 후보 표로 바뀌면서 트럼프 후보가 패배했다는 주장을 보도했다. <폭스 뉴스>는 극우 시청자를 잡아두기 위해 대선 음모론을 밀어붙이는 등 '개표기 조작' 음모론 확산에 책임이 있는 간판 앵커 터커 칼슨(Tucker Carlson)을 해고하기도 했다. 이번 사례는 미국인들에게 광범위한 자유를 인정하는 수정헌법 제1조의 '표현의 자유'조차도 '대담한 거짓말'에는 적용되지 않았다는 점에서 시사하는 바가 적지 않다.

근거로 소송을 밀어붙인다. 그와 선거캠프가 제기한 소송은 법원에서 모두 각하되었다. 넷째, 트럼프는 선거조사관들도 편파적이라고 주장한다. 다섯째, 선거결과에 의문을 제기하는 트럼프 지지자들은 그저 좋은 시민일 뿐이다.

트럼프가 주장하는 대선음모론, 즉 '대담한 거짓말'의 근거를 보면 얼마나 허황되고 터무니없는가를 알게 된다. 더 놀라운 것은 트럼프를 지지하거나 추종하는 군중은 이 말도 안 되는 대선 음모론을 믿고 따른다는 것이다. 사실 트럼프의 대선 불복에 따른 허황된 주장과 터무니없는 거짓말을 '대담한 거짓말'이라고 하지만 이 또한 점잖은 표현이다. 엄격히 평가하자면 국가와 국민은 안중에도 없고 자신의 행복과 동기에만 집착하는 자아도취적 환자의 망상에 불과하다.

트럼프는 대선을 치르기도 전에 자신이 선거에서 패배하는 것은 부정선거 때문일 것이라고 단정 짓고 선거운동을 펼쳤다. 부정선거만 아니면 승리는 떼어 놓은 당상이라는 허황된 거짓말을 퍼뜨렸다. 민주당 조 로프그렌(Zoe Lofgren) 하원의원은 '미 하원 1·6 의회 의사당 난입사태 특별조사위원회(January 6th Committee)' 최종 보고서에서 "트럼프의 '대담한 거짓말'은 선거결과와 관계없이 사전에 계획(premeditated plan)되었다"고 주장하면서 관련 증거물을 제출했다. 트럼프가 대선 패배 이후 제기한 '대선 사기' 주장은 즉흥적인 결정(spontaneous decision)에 의한 것

법원은 트럼프의 대선사기라는 거짓말이 국가의 '실질적 해악'을 가져올 것이 '명백'하고 그 위험이 '현존'하는 '명백·현존하는 위험의 원칙'에 해당한다고 본 것이다.

이 아니라 선거일 며칠 전부터 계획했다는 주장이다.

또한 위원회는 "트럼프 전 대통령이 선거사기 주장을 퍼트리기 위해 엄청난 노력을 했다는 증거가 존재한다는 결론에 도달했다"고 밝히면서 2021년 1월 6일 의사당 난입 사태와 관련, 트럼프 전 대통령에게 반란 선동 및 의사 집행 방해, 미국을 속이고 잘못된 결정을 내리게 하는 음모 등의 혐의를 적용해 기소할 것을 법무부에 권고했다. 트럼프와 같은 공화당 소속의 애덤 킨징어(Adam Kinzinger) 하원의원조차도 "트럼프 전 대통령이 법무부를 동원하여 선거 사기 주장을 퍼트리려고 했다"며 이는 명백하게 사법부의 독립성을 훼손하고 오염시키려 한 행위라고 비판했다.

위원회는 트럼프 전 대통령의 비선 참모였던 로저 스톤(Roger Stone)이 '1·6 의사당 난입 사건'을 주도한 극우단체 '프라우드 보이즈(Proud Boys)'나 '오스 키퍼스(Oath Keepers)' 간부들과 밀접한 관계일뿐 아니라 이들에게 폭력을 조장한 정황을 보여주는 영상도 확보했다. 위원회는 트럼프와 비선 참모들이 최종 투표결과가 나오기도 전에 승리 선언을 했다는 점을 상기하며 음모론 제기자들은 트럼프의 대선 승리를 기정사실화 했다고 주장했다.

의회 특별조사위원회의 조사 결과와 트럼프 개인의 연설을 종합해보면 트럼프 자신이 대선음모론에 심취되어 빠져나오지 못하고 있음을 알 수 있다. 트럼프는 2021년 1월 6일 열릴 예정인 상·하원 합동 회의 몇 달 전부터 대선 결과가 광범위한 사기의 산물이라며 미국 국민들이 이를 받아들이거나 주 또는 연방 당국이 인증해서는 안 된다며 일방적인 성명을 발표했다. 트럼프는 합동 회의가 시작되기 직전에는 지지자들에게 다시 한번 "이번 선거에서 우리가 이겼고, 압승했다"고 주장했다. 그는 잘못된 주장을 반복하면서 군중 폭동을 부채질했다. 거짓말도 반복해서 듣다 보면 진실인 것처럼 들린다. 하원 탄핵안에 등장하는 트럼프의 연설 내용은 그가 얼마나 위험하고 파괴적인 편집증세를 보이며 선거결과에 집착하는가를 확인할 수 있다. 트럼프와 선거캠프에서는 선거 결과가 나온 다음 날부터 다음의 말들을 소셜미디어에 퍼트리거나 집회 연설로 전달했다. '우리는 도둑질을 멈추게 할 것이다', '우리는 절대 포기하지 않을 것이다. 우리는 절대 인정하지 않을 것이다. 그런 일은 일어나지 않는다', '도둑이 연루됐을 때 내어줄 수 없다. 미국은 이미 충분히 겪었으며 더는 받아들이지 않을 것이다', '여러분은 불법 대통령을 갖게 될 것이다. 그런 일이 일어나도록 놔둘 수 없다', '죽기 살기로 싸우지 않으면, 다시는 나라를 갖지 못하게 된다.'

그는 음모론에 심취하여 이성을 잃은 추종자들의 심리를 교활하게 이용하여 그들을 행동하게 만들었다. 트럼프가 워싱턴 정치에 발을 들여놓았을 때만 해도 미국 정치권에서 그를 정치의 속성을 잘 모르는 아웃사이더로 평가했지만 대통령이 되어서는 '지지층 정치(dog whistle politics)'[3]를 하는 데 능숙한 솜씨를 발휘했다. 그는 편 가르기식 용어를 사용하면서

---

3 개는 인간의 청각보다 훨씬 뛰어나다. 인간이 들을 수 없는 휘파람을 개는 들을 수 있다. 그 점에 착안하여 '도그휘슬'은 정치권에서 비유적으로 사용하는 용어로서 특정 집단만이 이해하는 말이나 문장을 사용하여 커뮤니케이션을 하는 암호화된 메시지를 말한다.

백인 골수 지지층을 결속시키려는 의도를 가지고 집회에 모인 군중 가운데 폭력적으로 행동할 준비가 돼 있는 군중이 있다는 것을 알면서도 그들을 저지하거나 단념시키지 않고 오히려 그들을 선동했다.

트럼프가 대통령 임기 4년 동안 얼마나 많은 거짓말을 했는가를 알게 되면 그의 '대담한 거짓말'이 얼마나 추악하고 위선적인가를 단번에 알게 된다. <워싱턴 포스트>가 2021년 1월 24일 보도한 사실 확인에 따르면, 트럼프 전 대통령은 재임 중 거짓말 또는 사실 오도 주장을 3만 573번 했다. 2020년 11월 3일 대선 이후 근거 없는 "선거 조작" 주장도 76번 했다. 상당수는 소셜미디어를 통해 여과 없이 전파됐다. 신문은 "트럼프 전 대통령의 거짓말은 향후 수년 동안 영향을 줄 것"이라고 우려했다. 미국을 대표하는 대통령 역사가로 《대통령의 용기》(*Presidential Courage*)를 저술한 마이클 베슐로스(Michael Beschloss)는 "트럼프가 대통령의 이름으로 계속해서 거짓말을 한 결과, 많은 미국인이 그 어느 때보다 진실에 회의적이게 됐다"고 말했다.

트럼프는 습관적 거짓말쟁이에 거짓말 중독자다. 그는 얼굴을 붉히지도 부끄러운지도 모른 채 필요하면 거짓말을 밥 먹듯 한다. 사람은 남에게 인정받기를 원한다. 그래서 모르는 것도 아는 척하는 경우가 많다. 모른다고 하면 남에게 우습게 보이거나 무식하게 보이는 것이 창피해서 아는 척을 하게 된다. 그러나 순간적으로 아는 척을 할 수는 있지만 평생 그것을 숨기지는 못한다. 최첨단 기술은 사실 확인을 통해 실시간으로 거짓말 여부를 공개한다. 공자도 "아는 것은 안다고 하고 모르는 것은 모른다고 한다. 이것이 앎이다"고 하지 않았던가. 트럼프는 모르는 것도 아는 척하며 자신을 속이고 국민을 농락했다.

트럼프 시대에 미국의 동맹국과 우방국은 미국에 대한 존경을 철회했다. 그야말로 거짓말과 으름장과 협박으로 일관된 트럼프 때문에 미국의 국격은 땅에 떨어졌고 미국이 그토록 자긍심을 가졌던 미국 민주주의에 대한 동경도 줄어들었다. 2020년 대선에서 트럼프는 '대담한 거짓말'로 재선을 노렸지만, 그가 얼마나 '대담한 거짓말쟁이'인가를 드러냈을 뿐이었다. 그가 숙주로 계속 건재하면서 그를 맹신하는 지지자들에게 트럼피즘의 자양분을 제공하는 한 미국은 심각한 정치분열과 정치적 폭력을 겪게 될 것이다.

실제 많은 미국인은 머지않은 장래에 남북전쟁(1861~1865)과 같은 내전(Civil War)을 치르게 될 것이라고 생각하는 것으로 나타났다. 2022년 8월 27일 <이코노미스트> 설문조사에 따르면 미국인 중 절반이 넘는 57%가 10년 이내에 미국 내의 극심한 정치 양극화로 자칫하면 '내전'이 발생할 수 있다고 보았다. 특히 트럼프를 지지하는 강성 공화당원 중 21%는 정치적 폭력과 내전 발생 가능성을 크게 내다보았다. 66%는 미국의 정치분열이 트럼프 지지 세력들의 의회 난동이 있었던 2021년 1월 6일 이후 악화하고 있다고 보았다. 60%는 향후 몇 년 동안 정치폭력이 증가할 것으로 예견했다. 물론 19세기 남북전쟁 같은 전면적인 무장 내전이 발생할 가능성은 적다고 보고 있지만, 2021년 의회 난동 사건 같은 정치적 폭력 사건은 증가할 것으로 우려했다.

카네기 국제 평화 재단의 레이철 클레인펠드(Rachel Kleinfeld)는 "미국 같은 강력한 민주주의와 정부를 가진 나라들은 내전으로 빠져들지 않는다"면서도 "그러나 우리의 제도가 약화하면 이야기는 달라질 수 있다"고 경고했다. 미국의 민주주의 제도가 제대로 작동하지 않으면 갈등과 대결, 정치적 폭력이 증가할 것이라는 경고다. 클레인펠드는 2019년 7월 테드서밋 강연에서 "중요한 사실은 전쟁으로 인한 죽음은 전 세계적으로 18%에 그친다. 나머지 82%는 소득 불평등이 심각하고 정치적 양극화가 극심한 중산층 민주국가에서 발생하고 있다"고 주장했다. 거짓과 위선이 조장하는 정치 양극화와 정치 폭력은 전쟁보다 무섭다는 말이다.

진실은 밝혀지기 마련이다. '대담한 거짓말'의 실체는 근거 없는 조작설, 음모설, 거짓 주장이다. 미국에서 '대담한 거짓말'은 트럼피즘의 본질이며 강력한 변이를 가진 바이러스라는 것이 드러났다. 바이러스는 촘촘하게 연결된 SNS 플랫폼을 타고 전 세계로 빠르게 전이되고 있다. 브라질 민주주의가 바이러스에 감염되어 브라질판 의사당 난입 사태가 발생했다.

2023년 1월 8일, 2022년 10월 30일 치러진 브라질 대선 결선투표에서 자이르 보우소나루(Jair Messias Bolsonar) 후보가 루이스 이나시우 룰라 다 시우바(Luiz Inácio Lula da Silva) 후보를 이겼다는 거짓 주장을 믿는 수천 명의 지지자가 브라질 연방의회, 대법원, 대통령궁을 습격했다. 2년 전 미국에서 발생한 '1·6 의사당 난입 사태'의 재현이다. 대선 조작설과 함께 보우소나루가 진정한 승리자라는 거짓 선동을 믿는 지지자들이 정부 건물에 난입했다. 브라질 시위대와 미국 시위대의 다른 점이 있다면 브라질 시위대는 룰라 대통령이 취임한 뒤에 정부 건물에 난입하였고, 의사당말고도 대법원과 대통령궁까지 습격했다는 점이다. 시위대는 의회 유리창을 부수고 건물 안으로 침입해 소방호스로 물을 뿌리고 카펫

┃ 브라질 대선 후 선거사기를 주장하는 보우소나루 지지자들

에 불을 질렀다. 일부 시위대는 상원 회의장을 점거하고 난동을 부렸으며, 일부는 의회 건물 지붕에 올라가 군의 쿠데타를 촉구하는 '개입'이라고 쓴 플래카드를 펼쳤다. 대통령궁에서는 사무실 서류를 뒤지고 책상과 의자 등 집기류를 창문 밖으로 집어던졌다.

브라질에서 보우소나루 전 대통령(재임 2019~2022)을 지지하는 시위대가 대선불복과 대선조작설에 심취하여 정부 기관 난입 사태 뒤에 보여준 보우소나루의 대응과 처신은 위선과 거짓의 백미다. 2022년 12월 31일, 룰라 대통령의 취임식에도 불참하고 미국에 체류 중이던 보우소나루는 트위터를 통해 "평화로운 집회는 민주주의의 일부지만 오늘과 같은 공공건물에 대한 침입과 파괴는 규칙에 어긋나는 것"이라면서 "재임 중 나는 헌법을 준수하고 법률과 민주주의, 투명성과 신성한 자유를 존중해

왔다"고 밝혔다. 트럼프와 마찬가지로 대선 패배를 인정하지도 않았을 뿐 아니라 선거 조작설과 음모론이 거짓말이라고 단호하게 말하지도 않은 보우소나루 자신이 시위의 원인을 제공한 장본인이면서도 정부 건물 난입과 폭력과는 무관한 척 평화와 민주주의를 강조했다. 보우소나루의 뻔뻔함과 파렴치한 행동에서 트럼피즘 바이러스의 또 다른 변이종을 본다. 2020년 미국 대선과 2022년 브라질 대선에서 후보들이 불순한 정치적 목적을 가지고 퍼뜨린 선거 조작설 또는 음모설은 '대담한 거짓말' 바이러스의 요체(要諦)이고 이후 벌어진 지지자들의 정부 기관 무력 점령과 정치 폭력은 세계 민주주의에 경종을 울리고 있다.

더 우울한 소식은 2023년 3월 4일 보우소나루는 미국 보수정치행동회의(CPAC)에서 트럼프를 지지하는 연설을 했다는 것이다. 보우소나루는 대통령 재임 시절에도 트럼프가 추진하는 정책, 즉 총기 소유 권리 확대와 임신 중단 반대, 반이민 정책, 코로나19 경시 등을 추종, 모방하는 '남미의 트럼프'로 알려져 있었지만, 2022년 10월 브라질 대선에서 패배하고 이를 승복하지 않고 대선사기 운운하면서 국민을 둘로 분열시킨 뒤 자신은 미국에 거주한 채 자신의 정치적 우상을 따라 다니면서 온갖 추태를 보여주고 있다. 그는 현재 대선 불복 폭동 조장 혐의를 비롯해 다양한 범죄 혐의로 수사 대상에 올랐으며, 브라질 정부가 그에게 소환 통보를 한 상태다. 두 명의 전직 대통령이자 거짓 선동의 대가이면서 아메리카 대륙의 대표적인 데마고그들이 서로를 격려하고 찬사를 아끼지 않는 모습에서 권력 추구를 위해 수단과 방법을 가리지 않은 권력자의 몰염치하고 추악한 모습을 본다.

가장 덜 인종차별적인 사람

Demagogue Trump

제3장
가장 덜 인종차별적인
사람

트럼프가 공식 석상에서 발언한 말과 행동을 살펴보기로 하자. 2018년 1월 9일 이민개혁 해법을 놓고 회의하는 도중에 "우리가 왜 아이티와 아프리카와 같은 '거지소굴(shithole)' 나라에서 오는 사람들을 받아줘야 하느냐? 미국은 노르웨이 같은 나라에서 오는 이주민들을 더 많이 받아야 한다"고 주장했다. 더 황당한 것은 자신이 했던 발언을 친구들에게 자랑삼아 떠벌렸다는 것이다. 2019년 7월 14일 민주당 지도부와 유색인 출신 의원들 간의 갈등에 끼어들어 "우리 정부가 세계에서 가장 부패하고 무능한, 총체적으로 재앙인 나라 출신인 '진보' 민주당 여성 의원들이 지구상 가장 위대하고 강력한 미국 국민에게 정부가 어떻게 운영돼야 할지 큰소리치는 걸 보면 무척 흥미롭다. 그들이 범죄에 찌들고 완전히 몰락한, 원래 살던 나라로 돌아가서 바로잡으면 어떤가?"라는 트윗을 했다. 2022년 11월 22일 트럼프는 플로리다주에 있는 자신의 별장인 마러라고 리조트에서 세계적인 힙합 가수면서 반유대주의자인 카니예 웨스트(Kanye

West)와 극우 시사평론가 니콜라스 푸엔테스(Nicholas Fuentes)와 만찬을 가졌다. 트럼프의 발언과 행동을 보면 그가 백인우월주의자라거나 인종차별주의자라는 논란이 끊이지 않는 이유를 알 수 있을 것이다.

트럼프는 자신의 언행으로 인종차별 문제가 불거질 때마다 매번 자신은 인종차별주의자가 아니라고 강변하면서 "나는 세계에서 가장 덜 인종차별적인 사람(I am the least racist person in the world)"이라고 주장한다. 트럼프 자신이 인종차별주의자인 것은 사실인데 다른 사람보다 그 정도가 덜하다는 것을 강조하는 말이다. 그러나 미국 유권자의 절반 이상은 트럼프를 '인종차별주의자'라고 생각하는 것으로 나타났다.

2019년 8월 31일 미국 퀴니피악대학이 실시한 여론조사에서 미국 유권자의 51%는 트럼프가 인종차별주의자로, 41%는 인종차별주의자가 아니라고 응답했다. 유권자의 피부색에 따라 답변은 크게 갈렸다. 백인 유권자의 경우 인종차별주의자라는 의견이 46%로 아니라는 의견(50%)보다 적었다. 반면 흑인 유권자 중에는 인종차별주의자라는 평가가 80%로 아니라는 의견(11%)보다 압도적으로 높았다. 히스패닉 유권자는 55%가 인종차별주의자라는 견해를, 44%가 아니라는 견해를 밝혔다. 성별로 보면 트럼프 대통령을 인종차별주의자로 보는 유권자의 비율은 남성(55%)보다 여성(59%)이 높게 나타났다.

<CNN>은 트럼프 대통령을 인종차별주의자로 보는 유권자의 비율이 과거 '인종분리주의자'로 유명했던 조지 월리스(George Wallace Jr.) 전 앨라배마 주지사(재임 1963~1967/1971~1979/1983~1987)에 대한 여론조사 결과(41%)보다 높다고 지적했다. 월리스는 1963년 주지사 취임식에서

"오늘도 인종 분리, 내일도 인종 분리, 영원히 인종 분리(segregation now, segregation tomorrow, segregation forever)"라고 연설할 정도로 노골적인 인종차별을 일삼았다.

▌경찰의 조지 플로이드 살해 항의 시위

2020년 5월 25일 미네소타주 미니애폴리스에서 아프리카계 미국인 조지 P. 플로이드(George P. Floyd Jr.)가 경찰의 강압적인 폭력에 의해 사망하는 사건이 발생했다. 사인은 목조르기(neck compression)에 의한 질식사였다. 미국인들은 플로이드의 죽음에 분노하면서 미국 사회의 뿌리 깊은 인종차별과 무자비한 경찰 폭력의 실상에 공감했다. 분노한 시민들은 연대하여 "숨을 쉴 수 없다", "흑인의 생명도 중요하다(Black Lives Matter, BLM)"고 외쳤다. 미국 외에도 유럽과 남미에서도 연대시위가 일어났다. BLM은 전 세계적으로 캔슬컬처(cancel culture) 운동으로 일파만파 확산되었다. 캔슬컬처란 역사적으로 인종이나 젠더 등 소수자를 차별하거나 혐오하는 발언·행동을 저지른 이를 '당신은 삭제됐어(You're Canceled)' 등의 메시지와 함께 해당 인물의 행적을 지우는 운동을 말한다.

미국 전역으로 확산된 BLM에 대해 트럼프 대통령은 어떻게 대응했을까? 트럼프는 인종차별주의자로서뿐 아니라 백인우월주의자로서의 본색을 여지없이 드러냈다. 대통령으로서 트럼프는 시위대의 분노를 달래고 인종차별을 해소하기 위한 방법을 찾기는커녕 시위대를 "폭도"라고 부르며 군 투입까지 거론했다. 그는 유사시에 투입시킬 군대를 비상대기 시켰다. 트럼프에게 남의 불행은 곧 자신의 행운이다. 그는 증오와 혐오의 바이러스를 퍼트릴 절호의 기회를 잡았다고 생각했을 것이다. 11월 대선을 앞두고 시위대에 대한 초강경 대응으로 보수 지지층을 결집시키려 한다는 분석이 괜히 나왔겠는가 싶다.

트럼프 행정부에서 제임스 매티스(James Mattis) 국방장관을 둔 것은 미국에 행운이었다. 2016년 대선에서 트럼프가 당선되었을 때 국방부에서는 군통수권자인 트럼프 대통령에 대해 불안했지만 매티스 장관 임명 소식을 듣고 안심했다는 말이 나돌 정도로 그에 대한 군의 신망은 두터웠다. 2019년 1월 1일, 매티스는 트럼프 대통령의 압박으로 장관직에서 물러나면서 국방부 직원들과 군인들에게 헌법을 보호하고 지켜달라고 호소하는 편지를 남기고 떠났다. 신중하고 절제 있는 매티스 장관은 대통령에게 쓴소리를 마다하지 않고 직언을 하다 해임당하기 전에 스스로 물러났다. (매티스와 트럼프는 대외정책에서 입장 차이 등으로 점점 멀어지기 시작했고, 트럼프는 매티스의 충고와 불일치한 정책을 발표했던 적이 많았다. 대표적인 불일치는 트럼프와 김정은 정상회담 후 한·미연합훈련을 중단한 것과 남서부 국경에 병력을 배치한 것 그리고 시리아에서 미군의 철수 등을 꼽는다.)

그런 매티스 장관이 2020년 6월 3일, 플로이드 사망 사건으로 발생한 항의 시위와 폭동을 연방군을 동원하여 진압하려는 트럼프의 행동을 강력하게 비판했다. 매티스는 "트럼프는 내가 겪은 대통령들 중 유일하게 미국을 단합시키려고 시도조차 하지 않은 대통령이다. 그는 미국을 갈라 놓고 있다"라며 플로이드 사망 사건과 관련하여 미국 국민을 좌우로 나눠 이간질하는 트럼프의 행동을 비판했다. "내 생전에 미국 군대가 헌법이 보호하는 미국 국민의 권리를 박탈하기 위해서 동원될지는 꿈에도 몰랐다"라고 언급하면서 흑인 플로이드의 죽음에 항의하며 공권력 사용에 경종을 울리고자 거리에 나선 시위대를 폭도로 몰아 연방군을 동원하려는 트럼프의 계획을 정면 비판했다.

트럼프에게는 타고난 재능이 있다. 자신에게 불리한 사태가 발생하면 상대의 가장 약한 곳을 잡고 책임을 전가시키고 분위기를 자신에게 유리하게 반전시키는 능력이다. 목적 달성을 위한 과정에서 그는 수단과 방법을 가리지 않는다. 그는 2020년 초부터 유행하기 시작한 코로나19에 대한 무책임한 대응으로 들끓는 비판 여론을 '중국 때리기'로 빠져나가려고 했다. 2020년 3월 16일, 트럼프가 코로나19를 '중국 바이러스'라고 처음 지칭한 뒤 아시아계에 대한 증오범죄가 2배 이상 증가했다.

국가지도자 그것도 대통령이 어떤 문제에 대해 어떤 발언을 하느냐에 따라 일반 시민의 사고와 행동은 커다란 영향을 받는다는 증거이다. 세계보건기구(WHO)까지 나서서 '우한' 혹은 '중국 바이러스'라는 용어를 사용하면 안 된다며 특정 국가 낙인찍기를 말렸다. 트럼프와 일부 공화당 의원들은 '바이러스 명칭엔 발생한 국가를 명시하는 것이 관례'라며 '중국 바이러스'가 인종차별 요소와는 관련이 없다고 발뺌하기 바빴다. 트럼피즘 바이러스가 코로나19보다 더 무섭고 치명적이다.

한편 트럼프를 둘러싸고 불거지는 인종차별 논란은 그가 자신의 지지층을 관리하려는 선거전략 때문만은 아니라는 주장이 제기되었다. 2020년 7월, 트럼프의 조카이자 심리학자인 메리 트럼프(Mary Trump)는 회고록 《너무 과한데 만족을 모르는: 우리 집안은 어떻게 세계에서 가장 위험한 사람을 만들어냈나?》(Too much and never enough)를 출간했다. (메리의 아버지 프레디 트럼프, 즉 트럼프 전 대통령의 형은 가문의 장남으로 과잉기대, 지나친 훈육 등 과한 환경에서 양육됐다. 프레디는 가문에 적응하지 못해 방황하다 1981년 알코올중독 합병증으로 사망했다.) 이 책은 트럼프 가족사임과 동시에 트럼프의 심리적 약점을 연관시켜 분석한 폭로, 저격서다. 트럼프는 가문의 비밀 유지 합의 위반을 이유로 출판금지 가처분 소송을 냈지만 법원은 공익실현과 표현의 자유를 우선시하였다.

이 책에서 메리는 "세계의 보건, 경제안보 및 사회구조를 위협하는 트럼프의 이상한 성격과 충격적인 행태는 어린 시절 고기능성 반사회적 인격장애인(소시오패스) 아버지에 의해 형성된 것이다"라고 폭로했다. 메리는 "중요한 성장단계에서 어머니가 아파 부모의 돌봄 없이 외롭게 자란 트럼프는 나약해지면 안 된다고 결심했다"며 소시오패스인 아버지한테서 비롯된 트럼프의 탐욕을 분석했다. 메리는 트럼프가 자아도취, 약자 괴롭히기, 떠벌림 등의 인성을 가졌으며, 트럼프를 형성시킨 가족의 기능부전에 대한 관찰뿐만 아니라 대리시험으로 대학에 부정입학한 것과 여성을 잔인하게 대하는 트럼프의 충격적 행태들을 폭로했다. 메리는 "트럼프의 병적 측면은 너무 복잡하고 그의 행위들은 설명하기 어려운 점이 많아 정확하고 포괄적인 진단을 하려면 그가 절대로 응하지 않을 정신적·신경생리학적 테스트를 총동원해야 할 것이다"라고 말했다. 메리의 적나라하면서도 거침없는 비사(祕史)를 알게 되면 대통령 트럼프의 발언과 행동을 이해하는 데 도움이 된다. 이러니 트럼프가 출간정지 가처분 신청을 시도했을 것이다.

2021년 8월, 메리는 두 번째 책 《심판》(The Reckoning)을 출간하여 트럼프에 얽힌 또 다른 내용을 폭로했다. 이 책에서 메리는 트럼프를 "자기 자신만 생각하는 타고난 파시스트"라고 비판했다. 그러면서 메리는 "트럼프는 자신의 권력을 위해 미국이라는 국가적 실험을 끝장낼 것이다. 국가적 병리학이 어떻게 두 번이나 탄핵소추를 받은 전직 대통령을 위한 길을 열어주는지, 여전히 그에 대해 열광하는 지지자들의 심리는 어떤 것인지 살펴봐야 한다. 이를 위해선 트럼프 정부가 코로나19에 대응한 방식, 지난 1월 6일 트럼프 지지자들의 의회 폭동 등에 대해 살펴봐야 한다. 7,400만 명의 유권자들이 트럼프의 재집권을 원했다. 우리는 또 공화당이 트럼프의 대담한 거짓말에 공모하고 있다는 사실에 집중해야 한다"고 우려했다.

또한 메리는 트럼프의 평소 성격을 잘 드러내는 일화로 트럼프가 2020년 8월 〈HBO〉 방송 인터뷰에서 당시 하루 1,000명 이상 발생하는 코로나19 사망자에 대해 "어쩔 수 없지(It is what it is.)"라는 표현을

썼던 점에 주목했다. 메리는 아버지 프레디 트럼프 주니어가 40대의 나이에 알코올중독과 심장마비로 사망했을 때 삼촌을 포함한 다른 가족들이 아버지의 죽음에 대해 외면하며 뱉은 말이 바로 "어쩔 수 없지"라는 말이었다고 폭로했다. "그 말은 우리 가족들 사이에 인기 있는 표현이었으며, 그 말을 들으니 등골이 오싹해졌다. 할아버지, 이모, 삼촌 중 한 명이 이 말을 할 때마다 항상 타인의 절망에 대한 잔인한 무관심을 가지고 있었다."

트럼프 조카 메리의 폭로를 종합하면 삼촌 트럼프는 자신의 목적 달성을 위해 자식들을 활용한 전형적인 소시오패스 아버지 밑에서 자라 어린 시절부터 정직이 허용되지 않았고, 여성을 (성적) 대상화했으며, 결국 아버지와 마찬가지로 소시오패스가 됐다는 것이다. 인종차별주의자도 정작 누군가 자신을 인종차별주의자라고 부르면 좋아할 리가 없다. 트럼프가 "나는 가장 덜 인종차별적인 사람"이라고 주장하는 것은, 대중의 눈을 잠시 돌리려는 전략적 술책에 불과하며 그는 이 세상에서 가장 병적이고 만성적인 인종차별주의자로 볼 수 있다. 그것도 반복적인 거짓말로 남을 속이고 폭력적이고 공격적이면서 죄책감을 느끼지 못하는 반사회적 성격장애를 가진 인종차별주의자다.

<뉴욕타임스>는 "트럼프를 역사적으로 지독한 인종차별주의자였던 독일의 히틀러나 이탈리아의 베니토 무솔리니(Benito Mussolini)와 빗대는 사람이 많아졌다"고 보도했다. 트럼프의 가족사를 알게 되면 인과응보(因果應報), 사필귀정(事必歸正)이란 사자성어와 함께 "콩 심은 데 콩 나고 팥 심은 데 팥 난다"는 우리 속담을 떠올리게 된다.

조카 메리가 저술을 통해 트럼프 가족사와 그가 가진 인격의 정체성을 폭로하기 전에도 심리학자들은 트럼프의 위험하고 파괴적인 성격을 파악하고 책을 출간하여 대중에게 널리 알리고자 했다. 예컨대, 미국의 컬트 및 마인드 컨트롤 전문가인 스티븐 하산(Steve Hassan)은 저서 《트럼프 숭배》(*The Cult of Trump*)에서 트럼프를 짐 존스(Jim Jones), 데이비드 코레시(David Koresh), L. 론 허버드(L. Ron Hubbard), 그리고 문선명(文鮮明)과 같은 악명 높은 컬트 지도자[1]의 반열에 나란히 놓았다. 트럼프는 악명 높은 컬트 지도자들이 공통적으로 가진 자아도취적 인격장애자 요소들을 갖추었다는 결론을 내렸다.

자아도취적 인격장애자는 권력, 성공, 남의 주목을 받는 것에 대한 환상, 칭찬과 존경에 대한 욕구, 직위에 대한 열망, 공감능력 부족, 질투, 반사회적 행동, 거짓말, 괴롭힘, 폭력, 가학증 등의 복합적인 특성을 나타낸다. 흥미로운 점은 하산은 트럼프와 통일교 교주였던 문선명이 집회를 진행하는 방식이나 추앙자의 마음을 조종하는 방법에 있어 유사점이 많다고 분석했다.

---

1 존스는 인민사원의 교주이자 범죄인으로 1978년 가이아나 조지타운과 인근 활주로에서 900명이 넘는 신도들과 함께 자살한 사건으로 유명하다. 코레시는 미국의 종교인이자 범죄자로 다윗교라는 광신적 종교집단의 교주였다. 종말론에 심취하여 재림 예수를 자칭하며 아마겟돈에 대비한다며 텍사스주의 웨이코의 다윗파 본부에 수많은 총기와 탄약을 비축하였다. 허버드는 신흥종교 사이언톨로지교(Scientology)를 창시했다. 이 종교의 목표는 사람들을 청명한 상태로 만들어 전쟁, 범죄, 마약 등이 사라지게 하는 것이다. 문선명은 세계평화통일가정연합의 창시자로 신도들은 그를 인류를 구원할 구세주, 메시아, 재림주로 믿으며 "참부모님"이라 칭한다.

또한 트럼프가 시대 분위기를 파악하는 감각과 포퓰리스트 배우로서의 동물적 재능을 겸비했다는 분석도 있다. 애런 제임스(Aaron James)는 《개자식》(Assholes)에서 트럼프의 성격유형에 대해 "트럼프는 일관되게 자신의 특권을 추구하고, 자신은 애초부터 특별한 자격을 지닌 인간이라는 왜곡된 관념에 따라 움직이고, 다른 사람의 비난에서 자유롭고 사과할 줄 모른다"고 지적했다. 트럼프의 성격에 대한 조카 메리의 폭로와 일치한다. 이러한 카리스마와 자아도취적 포퓰리즘은 마치 지루한 목사의 설교를 듣는 것 같지만 일부 광적인 열성 지지자들은 그를 마치 예수의 재림으로까지 생각한다.2 괜히 트럼프가 트럼프교 창시자이고 그 종교의 교리를 트럼피즘이라고 말하지 않을 것이다.

트럼프가 대통령으로서 그간 보여줬던 말과 행동 그리고 그의 가족과 측근들의 폭로를 종합해보면, 그는 심각한 '루시퍼 콤플렉스(Lucifer Complex)'를 앓고 있다는 생각을 하게 된다. 이 콤플렉스에 걸리는 사람은 병적인 우월감과 선민의식으로 자신은 세속적인 법을 초월한 존재라는 자아도취적 자기망상에 빠지게 된다. 자신을 신격화하고 자신 이외의 사람들을 노예화하고 싶은 충동에 빠진다. 루시퍼는 원래 천국에서 천사들의 우두머리로 가장 존경을 받았던 위대한 존재였지만, 교만해져 하느님을 대신하여 자신이 옥좌에 앉을 생각을 품게 되었다. 결국 그는 하느님에게 반기를 들어 자신의 추종자들을 이끌고 쿠데타를 일으켰으며, 진노한 하느님은 그와 그의 군대를 천국에서 추방하여 지옥으로 떨어뜨렸다.

---

2 안병진. (2019). 《트럼프, 붕괴를 완성하다》. 서울: 북저널리즘. 56−60.

지금 트럼프는 트럼피즘의 교주가 되어 자신을 열렬하게 추앙하는 추종자들을 이끌고 민주주의를 상대로 쿠데타를 일으키고 있다. 만약 트럼프가 자신을 신격화할 생각이 추호라도 있다면 루시퍼의 최후를 기억해야 할 것이다. 우월감과 선민의식의 작용으로 나타나는 교만의 죗값은 무서운 결과를 가져온다. 루시퍼는 하반신이 파묻힌 채로 단테의 제9지옥을 관장하고 있다. 인류 역사는 독일의 히틀러 등 병적인 우월감과 자아도취적 자기망상을 가진 사람들에 의해 저질러진 만행으로 형용할 수 없는 고통과 피해를 당했다. 트럼프에 대한 냉철한 평가가 한갓 기우이길 바란다.

트럼프의
3무(無) 외교

Demagogue
Trump

제4장

트럼프의
3무(無) 외교

'3무 외교'는 바이든 행정부의 국무장관인 토니 블링컨(Antony Blinken)의 2019년 1월 28일자 <뉴욕타임스> 기고문에서 따왔다. 블링컨은 국무장관으로 임명되기 전 오마바 정부에서 국무부 부장관을 역임하였는데 "트럼프 행정부의 외교에는 사람도 절차도 정책도 없다"고 비판했다. 블링컨은 "역대 행정부를 관찰하면 가장 성공적인 정부의 공통점은 사람(people), 절차(process), 정책(policy)을 잘 갖추고 있었다"고 조언했다.

행정부를 성공으로 이끄는 삼두마차로서 사람, 절차, 정책은 무엇을 말하는가? 첫째, 어떤 사람을 요구하는가? 대통령에게 좋은 아이디어를 제시하고 그가 나쁜 아이디어를 추구하는 것을 설득하여 만류할 수 있는 경험과 기질, 지적 정직성을 가진 사람이다. 둘째, 어떤 절차를 필요로 하는가? 주요 이해 관계자들이 서로의 가정에 의문을 제기하고, 선택 대안을 가지고 시뮬레이션을 돌리는 것을 강조하며, 2차 효과(second-order effect)까지도 고려하는 효과적인 절차를 말한다. 셋째, 어떤 정책이어야 하는가? 정부의 모든 사람들이 행동으로 옮길 것을 요구하는 동시에 동맹국과 적대국이 우리의 의도에 대해 쉽게 알게 하는 명확한 정책을 말한다.

한승주 교수는 2021년 출간된 《한국에 외교가 있는가》라는 제하의 책에서 한국도 3무 외교나 마찬가지라며 한국 외교엔 사람·절차·정책은 없는데 코드는 있으니 '3무(無) 1유(有)'라고 지적했다. 국익을 위한 외교에선 몇 수 앞을 내다보는 게 중요한데 우리 외교에선 감정 또는 정치가 앞서니 바로 다음 수가 보이지 않는 것이다. 외교는 바둑과 유사한 점이 많다. 심사숙고하지 않고 상대방의 착점을 따라 두거나 상대의 의도를 읽어내고 몇 수 앞을 내다보는 수를 두지 못하면 판세를 장담할 수 없다. 국익 실현을 위한 외교 목표 설정도 중요하지만 목표를 추구하는 과정에서는 전략적 사고를 하지 않으면 안 된다.

블링컨은 미국 역대 정부에서 아버지 부시 행정부와 오바마 행정부의 외교를 모범적인 사례로 들었다. 조지 H. W. 부시(George H. W. Bush) 행정부의 경우 냉전 종식이라는 국제질서의 변화에 대처하면서 대통령과 제임스 베이커(James Baker) 국무장관, 브렌트 스코우크로프트(Brent Scowcroft) 국가안보보좌관 그리고 고위 관리들이 한팀이 되었다. 스코우크로프트 보좌관과 정부기관 간에 이루어진 잘 갖추진 팀웍과 팀플레이 절차는 역대 행정부의 모델이 되었다. 그들이 추구한 정책은 명확하고 지속적이며 포괄적이었다. 버락 오바마(Barack Obama) 행정부 역시 오사마 빈 라덴(Osama Bin Laden)을 법의 심판대에 세우고 에볼라 전염병을 처리하는 과정에서 보여준 팀웍도 사람, 절차, 정책의 삼두마차가 조화와 균형을 이뤘다.

블링컨은 트럼프 행정부의 외교에 대해 어떻게 평가했는가? 블링컨은 사람, 절차, 정책에 관한 한 트럼프 행정부는 재앙에 가깝다고 지적한다. 트럼프 취임 2년 동안 매티스 국방장관과 허버트 맥매스터(Herbert McMaster) 국가안보보좌관과 같은 냉철하고 경험 많은 참모가 '베네수엘라 침공', '나토 탈퇴', '주한 미국인들의 한반도 대피'라는 트럼트의 주장을 만류하는 견제 역할을 했다. 그러나 매티스와 맥매스터가 백악관을 떠나면서 미국 외교는 트럼프의 독무대가 되었다. 트럼프는 자신과 다르게 생각하거나 직언을 하는 측근이나 참모를 내쫓았다. 임기 후반에는 그 증상이 더 심해졌다.

독불장군 트럼프 체제 아래에서는 적절한 시기에 적절한 장소에 적합한 사람들을 찾아보기 어려웠다. 주변에 충분한 경험과 균형감 있는 기질, 지적 정직성을 갖춘 사람들을 찾기 어렵다 보니 제대로 된 절차와 효과적인 정책을 기대할 수 없다. 특히 외교정책의 방향과 실행계획을 결정하는 단계에서 절차의 부재는 치명적인 결과를 초래하기 마련이다.

트럼프는 한·미연합훈련 중지와 주한미군철수 등 한반도의 운명을 결정하는 중차대한 외교정책을 놓고 개최된 북한 김정은과의 회담에서도 최소한의 노력만을 했다. 시리아에서 미군철수를 결정할 때도 충분한 논의와 검토 절차를 생략했다. 아프가니스탄에서 17년간의 전쟁을 끝내기 위한 환영할 만한 진전조차도 트럼프의 자의적인 발표로 탈레반과의 협상에서 미국의 영향력을 약화시켰다. 더욱이 트럼프가 통치행위의 일환으로 SNS 트윗을 사용하여 기존 정책을 무효화하거나 새로운 이슈를 제시하는 성향과 행동은 정책의 혼란을 초래한 최악의 사례로 기록될 것이

▌트럼프의 2020년 대선 패배 후,
해고 피켓을 들고 트럼프를 조롱하는 시위자들

다. 트럼프의 트윗 정치는 국가 정책에 신뢰를 떨어뜨리고 관계 당국과
사람들을 혼란에 빠트렸다.

트럼프는 대통령으로 당선되기 전 리얼리티 텔레비전 쇼 '견습생(The
Apprentice)'의 사회자로 전국적인 인물이 되었다. 쇼는 참가자들을 두
개 팀으로 나눠 일주일에 한 번 프로젝트를 진행하게 한 후, 결과를 가
지고 승리팀과 패배팀을 가른다. 승리팀에는 부상이 주어지며 패배팀은
트럼프의 회의실에서 패인에 대해 토론한 후 패배의 원인으로 지목된 참
가자는 해고된다. 이때 사회자 트럼프가 "넌 해고야!(You're fired!)"라고
말한다. 백악관에 입성한 트럼프는 "넌 해고야!"를 무분별하게 남발하면
서 '해고왕'이라는 별명을 얻었다.

특히 트럼프는 취임 후 외교라인에 대한 해고를 남발했다. 미국의 안보 사령탑이라 할 수 있는 국가안보보좌관은 네 번이나 교체됐다. 초대 보좌관인 마이클 플린(Michael Flynn)은 25일 만에 전격 사임을 발표했고, 뒤를 이은 맥매스터 보좌관도 트럼프와의 성격 차이로 경질됐다. 대북 강경파로 불리던 존 볼턴(John Bolton) 보좌관이 뒤를 이었지만, 트위터로 해고 통보를 받았다. 초대 국무장관으로 트럼프와 잦은 불화를 빚은 것으로 알려졌던 렉스 틸러슨(Rex Tillerson) 국무장관은 해외 순방 중에 트럼프의 트윗을 보고 자신의 경질 사실을 알게 되었다. 장관의 해고 소식에 대해 불만 성명을 낸 국무차관도 곧바로 트위터로 해고 통보를 받았다. 장관과 참모들을 해고하는 것을 손바닥 뒤집듯이 했다. 해고 쓰나미다.

볼턴은 2020년 출간된 《그 일이 일어난 방》(*The Room Where It Happened*)에서 트럼프의 타락과 부패와 비리를 노골적으로 폭로했다. 이 책은 트럼프의 방해로 예정보다 늦게 출간되었는데, 트럼프의 입장에서는 자신을 너무 잘 알고 있는 내부자의 고발이 두려웠을 것이다.

❙ 트럼프와 볼턴

이쯤해서 사람도 절차도 정책도 부재한 3무 외교로 임기 4년을 보냈던 트럼프의 외교정책을 되짚어보기로 하자. 향후 외교의 반면교사가 될 것이다. 트럼프 외교의 골격은 세 가지, 즉 동맹국과 불화, 국제기구의 탈퇴, 북한 김정은과의 만남으로 요약할 수 있다. 3무 외교가 당사국인 미국과 동맹국과 세계에 얼마나 치명적인 영향을 끼친다는 것을 확인할 수 있을 것이다.

먼저, 트럼프 행정부와 동맹국과의 불화다. 트럼프는 '미국 우선주의'라는 잣대를 동맹국에게도 들이댔다. 2014년 북대서양조약기구(NATO) 회원국들은 국내총생산(GDP) 대비 2%를 국방예산에 배정키로 약속했다. 나토 30개 회원국 중 GDP 대비 2% 넘게 국방비로 쓰고 있는 국가는 그리스, 라트비아, 루마니아, 리투아니아, 불가리아, 영국, 에스토니아, 폴란드 등 몇 개국에 불과하다. 프랑스, 독일, 캐나다, 이탈리아 등 상대적으로 경제규모가 큰 회원국은 2%에 미치지 못한다. 다른 회원국들은 2024년까지 이 목표치를 달성하겠다고 약속했지만 모든 회원국이 이 약속을 지킬 가능성은 높아 보이지 않는다.

2019년 12월, 영국 런던 나토정상회의에서 트럼프는 약속(GDP 대비 2%)을 이행하지 않은 국가들에 대해 무역과의 연계를 시사하면서 "만약 돈을 내지 않으면 관세 보복을 통해 강제로 내도록 하겠다는 으름장을 놓았다." 나토 정상회의 한 달 전인 2019년 11월, 트럼프 행정부는 22%였던 나토 운영예산 분담 금액을 독일과 비슷한 수준인 16%로 낮추기로 나토 측과 합의했다.

트럼프는 나토 회원국이 적절한 비용을 내지 않으면 상응하는 조치를

| 나토정상회의

취할 수 있다는 말이 허언이 아니라는 것을 본보기로 보여주었다. 2020년 7월, 트럼프는 국방비 책정비율이 다른 국가에 비해 낮다는 지적을 받는 독일(2019년 기준 1.36%)에서 미군 병력 1만 2천 명을 철수시킨다는 계획을 일방적으로 발표했다. 미국이 형평의 원칙에 따라 동맹국들에게 공정한 방위비 분담을 요구할 수 있지만, 트럼프의 외교안보 정책은 투자 대비 수익 발생 방정식에 기반한 일방적이고 즉각적이라는 점에서 동맹국들과의 불화와 갈등을 유발하였다. 기자가 트럼프에게 주독미군 감축 계획과 관련해 '그럼 어떻게 러시아를 견제할 것이냐?'라고 묻자 트럼프는 질문의 본질과 관련 없는 돈 이야기만 했다. "독일은 채무 불이행국이다. 그들은 나토 요금을 내지 않고 있다. 독일은 2%를 내야 하는데 1%를 내고 있다. 그들은 수년간 우리를 이용해 먹었고, 무역에서는 더욱 그렇다. 독일이 돈을 내지 않고 있기 때문에 군대를 감축하는 것이다. 돈을 안 내는데 왜 우리가 군대를 남겨둬야 하느냐? 우리는 더이상 호구(sucker)가 되고 싶지 않다. 그들이 돈을 내기 시작한다면 다시 생각해보겠다"고 말했다.[1] 2022년 7월 암살당한 아베 신조(安倍晉三)의 언론 인터뷰를 모아 출간된 《회고록》에서 "트럼프는 외교 안보까지 돈으로 계산하는 사업가 출신이며, 한·미 연합군사훈련이나 미 항공모함의 동해 파견에 대해 막대한 돈이 든다며 아까워했다"는 말이 괜히 나오지는 않았을 것이다.

둘째, 국제기구의 탈퇴는 앞서 파리기후변화협약에서도 언급했지만, 트럼프는 온실가스 배출량 세계 2위 국가인 미국이 기후변화 대응을 위한 전 세계의 공동대응을 촉구하기는커녕 협약에서 탈퇴했다. 탈퇴 이유는 협약을 준수하게 되면 미국 내 생산감소에 따른 일자리가 사라지고 온실가스 배출을 줄이기 위해서는 생산 활동을 감축할 수밖에 없기 때문이다. 협약을 주도했던 미국이 국익에 반한다는 경제적 이유로 협약에서 탈퇴했다. 2015년 채택된 파리기후변화협약은 2020년 만료된 '교토의정

---

1 나토 회원국들은 2022년 우크라이나 전쟁을 기점으로 국방비를 본격적으로 증액하기 시작했다. 독일의 경우, 2022년 2월 러시아가 우크라이나를 침공한 후 1,000억 유로(약 135조 원)를 국방비에 추가 편성한 뒤, 국방비 지출을 GDP 대비 2% 이상으로 끌어올린다고 발표했다. 2022년 6월 NATO 사무총장은 30개 회원국 중 9개국의 GDP 대비 국방비 비율이 목표치인 2%에 도달했거나 초과했다고 발표했으며, 19개국은 오는 2024년까지 목표치를 달성하기 위한 명확한 계획을 수립했다고 밝혔다. 목표치 2%에 대해 NATO 사무총장은 "최대치가 아니라 최소치여야 한다"고 설명했다.

서(Kyoto Protocol)'의 뒤를 이어 인류가 직면한 가장 중차대한 도전인 기후변화에 전 세계가 참여하는 야심찬 기후위기극복 프로젝트다.

파리기후변화협약은 이산화탄소 등 온실가스를 줄여서 지구 온난화를 막자는 의미에선 교토의정서와 같지만 협약 서명국이 195개국이나 된다는 점에서 37개국에 불과했던 교토의정서와 다른 무게감을 지닌다. 2030년까지 서명국들이 감축할 '온실가스 목표량'과 '이행 강제성'을 담았다는 점에서도 파리협약은 진일보했다. 선진국에만 온실가스 감축 의무를 부과하던 기존의 교토의정서 체제를 넘어 모든 국가가 자국의 상황을 반영하여 참여하는 보편적인 체제가 마련되었다. 오바마 전 대통령은 2024년까지 온실가스 감축 목표를 26~28%로 제시한 바 있다.

기후변화에 따른 지구인의 문제를 해결하기 위해서는 국가마다 고통분담을 요구한다. 최근 개도국은 온실가스는 선진국의 책임이라고 주장하면서 선진국이 배출한 온실가스로 인한 피해에 대해 보상을 요구하고 있다. 안토니오 구테흐스(Antonio Guterres) UN 사무총장은 "기후변화는 지금 우리 모두에게 일어나고 있다. 어떤 나라도 어떤 집단도 피해 갈수 없다. 그리고 늘 그래 왔듯이 가난하고 취약한 사람들이 가장 먼저 고통받고 최악의 피해를 당한다"고 말하면서 선진국이 개도국의 고통과 피해에 대해 보다 더 긴밀히 들여다보아야 한다는 점을 강조했다.

트럼프는 지구적인 문제를 놓고 국내 일자리 감소와 생산량 감소 운운하면서 국제협약에서 탈퇴했다. 지구적 문제와 상관없이 미국의 이익만을 추구하겠다는 트럼프의 극단적인 이기적 생각은 어디에서 나오는 것일까. 반사회적 인격장애자 트럼프가 세계에서 가장 영향력이 큰 미국 대통령으로 선출된 것 자체가 전 세계와 인류의 미래에 커다란 재앙이 아닐 수 없다 할 것이다. 2021년 1월 출범한 바이든 행정부는 임기 시작 첫날 파리기후변화협약 복귀를 선언했다.

이밖에도 트럼프는 미국의 국익을 이유로 유엔인권이사회(UNHRC), 유엔교육과학문화기구(UNESCO), 유엔국제이주협정(GCM)에서 탈퇴했으며, 유엔 팔레스타인 난민지원기구(UNRWA) 지원금을 대폭 삭감했다. 과도하게 중국 편향적이라는 지적이 일었던 국제보건기구(WHO)에 대해서는 자금중단에 이어 탈퇴서를 제출했다. 트럼프는 국제합의에서도 탈퇴를 서슴지 않았다. 1987년 러시아와 체결한 중거리핵전력(INF) 조약과 2015년 미국이 아시아태평양지역의 11개국과 맺은 환태평양경제동반자협정(TPP)에서도 탈퇴했다.

셋째, 트럼프는 미국 대통령 최초로 북한 지도자 김정은과 회담했다. 역사적인 순간이었다. 북한 지도자가 북한식으로 '철천지원수 미제국주의자의 수괴'와의 만남 자체가 엄청난 사건이었다. 트럼프는 대통령 후보 시절이던 2016년 북한 김정은 위원장과 햄버거를 먹으며 회담할 의향이 있다는 의사를 밝힌 바 있었다. 트럼프가 북한으로 직접가지는 않겠지만 미국으로 온다면 만나겠다는 것이었다.

그러나 2017년 1월 트럼프 대통령 취임 이후 북한이 한 해에만 17차례에 걸쳐 20발 이상의 미사일을 발사했는데, 여기에는 미 본토에 도달할 수 있는 대륙간탄도미사일(ICBM)급 '화성-14형'과 '화성-15형'이 포함됐다. 같은 해 북한이 수소탄 실험까지 감행하면서 회담 성사는커녕 한반도에 전운마저 감돌았다. 트럼프는 유엔안보리에서 대북 결의를 채

택하는 데 앞장섰고 대북 독자 제재도 적극적으로 실행했다. 조지 W. 부시 대통령 시절 해제한 북한에 대한 테러지원국 지정을 다시 시행했다. 자존심이 상한 트럼프는 "북한은 더 이상 미국을 위협하지 않는 것이 좋을 것이다. 그렇지 않으면 그들은 세계가 지금까지 보지 못한 화염(fire)과 분노(fury)에 직면할 것이다"며 강력한 대북한 경고 메시지를 보냈다.

2018년 3월 분위기가 급반전되었다. 한국의 정의용 국가안보실장이 북한의 김정은이 트럼프와 만나고 싶다는 뜻을 미국 측에 전달했다. 트럼프는 북한의 '항구적인 비핵화(permanent denuclearization)'를 위해 김정은과 만나겠다는 선언을 하였다. 트럼프와 김정은은 톱다운의 담판 외교를 선택했다. 6월 12일 싱가포르에서 트럼프는 김정은 위원장과 역사적인 북·미정상회담을 가졌다.

▎세계적인 이슈가 된 김정은 국무위원장과 트럼프 대통령의 정상회담

이 회담에서 두 정상은 '새로운 북·미 관계 정립', '한반도 평화체제 구축', '완전한 비핵화 추구', '유해송환' 등 4개 항목을 담은 공동성명을 채택했다. 이때만 해도 북한의 비핵화와 함께 문재인 대통령의 대북정책의 핵심의제인 '한반도 평화프로세스'도 결실을 맺을 것이라는 기대를 가졌다. 트럼프와 김정은이 공동 노벨평화상을 수상할 것이라는 예상을 하기도 했다. 북한의 비공식 대변인에 해당하는 일본 소재 <조·미평화센터> 김명철 소장은 2019년 2일 27일 영국 일간 <텔레그래프>와의 인터뷰에서 "트럼프 대통령은 한반도 평화 달성에 기여한 공로로 노벨상을 받아야 한다고 보지만 김 위원장이 공동 수상을 하게 된다면 그 영광을 거절하지 않을 것"이라고 말했다.

또 다른 반전이 일어났다. 2019년 2월에 개최된 하노이 정상회담은 결렬됐다. 톱다운 정상 간 회담의 한계를 고스란히 드러냈다. 정상들이 큰 그림을 그린 다음에는 실무협상에서 넘어야 할 산이 많기 때문이다. 악마는 디테일에 있다고 하지 않던가. 이후 북·미 정상은 6월 30일 판문점에서 깜짝 회동을 했다. 트럼프가 하루 전 트위터로 깜짝 제안하고 김정은이 이를 전격 수용하면서 성사됐다. 트럼프와 김정은은 수차례 친서를 교환하며 친분을 과시했지만 2019년 10월 실무협상 결렬 이후 장기 교착상태에 다시 빠졌다.

북·미정상회담은 70년을 적대관계에 있던 두 나라 최고 지도자가 만났다는 것 자체로 역사적인 사건이었다. 그럼에도 많은 아쉬움이 남는다. 무엇보다 《거래의 기술》(*The art of the deal*)의 저자로 '협상의 달인'을 자처하며 파격을 좋아하는 트럼프의 개인적인 성향이 북·미정상회담을 성사시킨 요인도 있지만, 또 개인적인 성향으로 인해 모처럼 마련된 회담을 결렬시킨 요인도 있다는 점이다. 정치 쇼맨십에 능숙한 트럼프는 오랫동안 지속된 북·미 관계의 돌파구를 자신만이 해낼 수 있다는 자기 확신이 지나쳤다고 할 수 있다. 북한의 김정은은 트럼프의 개인 성향을 철저히 연구한 뒤 실무협상보다는 정상 간 회담을 유도했을 가능성이 높다. 북핵 6자회담 대표로 활약했던 크리스토퍼 힐(Christopher Hill) 전 국무부 동아태 담당 차관보는 "정상외교는 실패하면 다른 대안이 없는 것이 큰 문제"라고 지적했다. 트럼프가 새겨들었어야 할 말이었다.

트럼프가 북·미정상회담을 통해 북한을 협상테이블로 이끌어낸 점은 높이 평가하지만, 결과적으로 미국이 북한 김정은 통치체제에 합법성을 부여하고 핵개발에 시간을 벌어주었다는 비판을 벗어날 수 없다. 결과를 놓고 보면 트럼프 재임 시기에 미국 외교에 사람도 절차도 정책도 부재했다는 블링컨의 말이 유효한 이유다.

트위터 정치

Demagogue
Trump

Demagogue
Trump

트위터 정치

　세계 정치 지도자 가운데 트럼프만큼 소셜미디어를 활발하게 이용하는 사람도 찾아보기 힘들 것이다. 트럼프는 대통령 임기 4년 동안 트위터에 2만 5천여 개의 글을 올렸다. '트위터로 흥한 자, 트위터로 망했다'는 말은 트럼프의 트위터 계정이 정지되었을 때 나온 말이다. (2021년 1월 13일 미국 하원이 트럼프 대통령 탄핵안을 통과시켰지만, 1월 9일 트위터에서 트럼프를 먼저 추방했다. 트럼프의 트위터 계정 정지는 그의 손발을 자른 것과 같았다.) 트럼프는 하루에 수십 건의 트윗을 날리며 지지자들에게 메시지를 보내고 트윗으로 장관을 해임했다. 하물며 2019년 6월 29일 일본에서 트위터로 한국 방문 계획을 알리면서 "그곳에 있는 동안 북한 김정은 국무위원장이 이것을 본다면, 나는 DMZ(비무장지대)에서 그를 만나 악수하고 인사를 할 수 있을 것"이라고 제안했다. 트럼프의 트위터 정치다. 트위터의 성장은 트럼프의 트위터 사랑에 힘입었을 것이라는 분석도 있다.

트럼프와 트위터의 인연은 언제 어떻게 시작되었을까? 2009년 5월 4일 트럼프는 "'데이비드 레터맨 쇼'에 출연하게 됐으니 꼭 시청하라"는 최초의 트윗을 하고, 그다음에는 자신이 진행하는 방송프로그램인 '어프렌티스'를 선전하는 내용의 트윗을 날렸다. 당시 그는 정계 진출을 꿈꾸던 부동산 개발업자였다. 수완 좋은 사업가 출신의 트럼프는 소셜네트워크(SNS)의 파급효과를 알아차렸고 트위터를 통해 지지 세력을 모으고 정적을 비판하는 데 트윗을 적극 활용했다.

2021년 1월 12일, <이코노미스트>의 분석에 따르면 트럼프가 약 11년간 올린 트윗은 총 4만 6,694개로 일주일 평균 77건, 하루 10건 이상을 올렸다. 팔로워 수는 최대 8,800만 명에 달했다. 트럼프의 트윗은 그가 정치적 어젠다가 있을 때 횟수가 폭발적으로 증가했다. 예컨대 2012년 오바마 대통령의 출생지 음모론을 계기로 트윗수가 많아졌다. 당시 재선에 도전하고 있던 오바마 대통령은 미국 태생이 아니라는 '출생지 음모론자(birthers)'들의 유언비어에 휩싸였고, 백악관은 오바마가 1961년 하와이에서 태어났다는 출생 증명서를 공개하기도 했다. 미국은 헌법상 시민권자라도 미국에서 태어나지 않았다면 대통령이 될 수 없기 때문에 출생지 음모론은 오바마의 재선 레이스에 치명타가 될 수도 있었다. 2014~2015년엔 '오바마 케어'와 '지구 온난화' 비난에 주력했다. 트럼프는 "지구 온난화는 사기"라고 주장했는데, 실제 대통령이 되어 파리 기후협약에서 탈퇴했다.

트럼프는 2019년 첫 탄핵 국면에서 탄핵을 비판하는 트윗을 100개 이상 쏟아냈다. 트위터를 통해 개인의 분노를 터트리는 것이었다. 자신을 화나게 하는 일이 많을 때는 트윗 횟수도 덩달아 많아졌다. 2020년 재선 레이스를 시작한 뒤 그가 쏟아낸 트윗은 트윗 6,280개, 리트윗 5,956개로 모두 1만 2,236개에 달했다. 트럼프는 2020 대선 전 "우편투표 시스템은 사기"라고 비난한 글을 올렸는데 최악의 트윗이라는 평가를 받았다.

▌트럼프의 트위터
(팔로워가 88.7M을 가리킨다)

트럼프의 트윗수가 많아지면서 그의 거짓말도 늘어났다. '1·6 의사당 난입 사태' 후인 2021년 1월 8일 트럼프는 다시 지지층을 선동하는 메시지를 쏟아냈다. "저에게 투표한 미국의 위대한 애국자 7,500만 명과 '미국 우선주의', '미국을 다시 위대하게'는 앞으로 오랫동안 거대한 목소리를 갖게 될 것이다. 여러분은 어떤 방식으로든 무례하거나 부당한 대우를 받지 않을 것이다." 트위터는 1월 8일 성명을 발표하고 "트럼프 전 대통령 계정의 최근 게시물 내용을 면밀하게 살펴봤고, 추가로 폭력을 조장하고 선동할 위험이 있어서 계정을 영구히 정지했다"고 밝혔다. 트럼프의 프로필 사진과 모든 게시물을 차단시켰다. 온라인에서 이루어진 트럼프의 사망선고다.

트위터는 제3자 계정 이용을 금지하고 있다. 트럼프가 새로 계정을 개설하기는 어렵다. 트럼프는 개인 계정이 막히자 대통령 공식 트위터로 소통을 시작했다. 트럼프는 "트위터가 민주당, 그리고 급진 좌파와 결탁해 내 계정을 삭제하고 나를 침묵하게 만들었다"며 새로운 플랫폼을 만들 것이라고 주장했다. 하지만 이 게시물은 올라온 즉시 삭제됐다.

트럼프는 2020년 11월 대선 패배 이후 미국의 트위터, 페이스북, 인스타그램 등 주요 소셜미디어에서 퇴출된 뒤 자신이 주도하여 개발된 소셜미디어앱 '트루스 소셜(Truth Social)'을 사용한다. 트루스 소셜은 트럼프의 개인 소셜미디어앱이라는 점에서 부(富)를 이용한 소셜미디어 장악이라는 비판을 받고 있다. 가뜩이나 미 의사당 난입 사태와 각종 선거에서 목격했듯, 소셜미디어는 과거 한 방향으로 정보를 전달하던 다중매체(Mass Media)와는 비교할 수 없을 만큼 여론 형성과 대중 선동에 지대한 영향력을 가졌다. 국민들에게 정치 정보 습득의 주요 통로가 되는 소셜미디어를 특정 정치인(트럼프)이나 기업인(일론 머스크) 또는 연예인(카니예 웨스트)이 소유하는 것은 막강한 정치적 영향력을 손에 쥐는 것과 같다. 소통을 위한 미디어가 극우 보수주의자들의 확성기 역할을 하게 되면 민주주의에 큰 위협이 될 수 있다는 우려를 낳고 있다. 우연하게도 트럼프와 카니예 웨스트는 인종차별주의자이거나 반유대주의자이다.

트럼프의 트위터 계정을 영구적으로 폐쇄했다고 발표했던 트위터는

2022년 11월 트럼프의 계정 복구를 결정했다. 2022년 10월 일론 머스크(Elon Musk)가 트위터를 인수한 후에 계정 복구가 이루어졌다. 2023년 1월 페이스북과 인스타그램을 운영하는 메타(META)도 트럼프의 계정을 풀기로 했다. 트럼프는 페이스북에 3,400만 명, 인스타그램에 2,300만 명의 팔로워를 지녔다. 메타는 트럼프의 계정을 복구시키면서 "일반적으로 우리는 우리 플랫폼에서 공개적이고, 공공적이며, 민주적인 토론이 진행되는 데 개입하려 하지 않으며, 특히 미국 같은 민주적 사회의 선거에 관해서는 더 그렇다"고 밝혔다. 또 "대중은 그것이 좋든 나쁘든 정치인들이 말하는 것을 들을 수 있어야 투표권 행사에 필요한 정보를 얻을 수 있다"고 했다.

트럼프에게 소셜미디어 계정 복구는 그의 2024년 대선 레이스에 청신호를 줄 수 있다. 그의 소셜미디어를 활용한 대중선동 능력은 타의 추종을 불허할 정도로 뛰어나고 그 파급효과 또한 상상 이상이기 때문이다. 소셜미디어 계정 복구 후 공화당의 2024년 대선 후보들 중 트럼프가 1위에 복귀했다. 트럼프에 대한 미국인의 맹신(盲信)은 줄지 않고 있다. 그러나 알렉스 코넌트(Alex Conant) 공화당 전략가의 말처럼 "트럼프의 소셜미디어 이용은 대중과 더 많은 소통을 위해서라기보다 수백만 명의 팔로워한테 정치자금을 거둘 수 있기 때문이다"라는 지적도 주목할 점이다.

대통령이라고 소셜미디어를 활발하게 이용하지 말라는 법은 없다. 오히려 소셜미디어를 통해 대중과의 소통을 늘리고 선한 영향력을 행사하면 긍정적인 효과가 클 것이다. 정치인에게 대중과의 소통능력은 얼마나 중요한가. 문제는 소셜미디어를 이용하여 거짓과 허위를 퍼트리고 선량한 시민을 분열시켜 사회를 혼란에 빠트리는 트럼프 같은 사람이다. 트럼프는 백악관에 앉아 트윗으로 지지층에게 근거 없는 발언과 자료를 제공하며 선전과 선동을 부채질하곤 했다. 임기 4년 동안 무려 '2만 5천 개'의 글을 올렸다. 대부분의 글은 자신은 정직하고 잘못이 없고 국민을 위해 좋은 정치를 하고 있다는 선전과 함께 자신의 정적이나 싫어하는 정책에 대해 부정적인 측면을 부각거거나 격한 감정을 터트리고 있다.

트럼프는 다대다 의사소통을 가능케 한 디지털 통신 기술의 집합체인 소셜 미디어를 악용하여 민주주의를 위기에 빠트리는 대표적인 인물이다. 야스차 뭉크(Yascha Mounk)는 《위험한 민주주의》(*The People vs. Democracy: Why Our Freedom Is in Danger and How to Save It*)에서 민주주의의 위기를 초래하는 세 가지 요인 중 소셜 미디어를 첫 번째 요인으로 꼽았는데, 소셜 미디어는 긍정적 역할에도 불구하고 거짓말, 비방, 혐오, 증오를 확대 생산하는 인큐베이터가 되면서 민주주의를 위험에 빠트리고 세상을 파괴하는 괴물이 되고 있다고 지적했다. 이밖에도 뭉크는 경제침체와 급증하는 이민자 문제도 민주주의를 위기에 빠트리는 주요인으로 보았다. 경기침체가 지속되면 국민의 사회적, 경제적 불평등이 표면에 드러나게 되고 미래를 불안하게 여기는 국민은 권위주의적 포퓰리스트에게 투표하게 될 것이기 때문이다. 급증하는 이민문제 역시 민주주의의 안정성에 위협을 준다. 트럼프처럼 이민 문제를 유권자의 말초신경을 자극하는 직접 화법으로 말한 사람은 없을 것이다. 그는 2016년 대선에 출마하면서 "멕시코가 강간범과 범죄자들을 미국으로 보낸다"고 주장하면서 미국의 극우 보수 지지층과 백인우월주의자들의 지지를 얻으려고 했다. 포퓰리스트 정치인에게 이민문제는 민족주의 향수를 이용하거나 진영을 나누는 선거 호재가 된다.

트럼프가 소셜 미디어의 파괴적인 힘을 악용하면서 트럼피즘 바이러스를 퍼트리며 강성 지지자와 진영을 관리하는 모습을 보면서 영화 <킹스맨>(King's Man)의 주인공 발렌타인을 떠올린다. 미국 IT 사업가인 발렌타인은 억만장자에 천재 악당으로 지구의 이산화탄소 배출량을 줄이기 위해 각종 연구를 거듭하면서 지구를 살릴 유일한 방법은 인구를 줄이는 것이라고 생각한다. 그는 사람들에게 무료로 인터넷과 전화를 쓸 수 있는 유심칩을 나눠 주지만 실제 이 칩은 사람의 신경을 교란시켜 폭력성과 분노를 일으켜 서로 싸우게 만든다. 트럼프 역시 소셜 미디어를 이용하여 반복적인 거짓말로 혐오와 증오의 언어를 퍼뜨리며 미국인들의 폭력성과 분노를 부추기고 있다.

2023년 3월 27일 <월스트리트저널>은 '미국인에게 가장 중요한 가치는 무엇인가?'에 대한 조사결과를 발표했다. 1998년에는 애국심(70%), 종교(62%), 자녀양육(59%), 공동체 참여(47%), 돈(31%) 순서로 나타난 반면, 그로부터 25년이 지난 2023년에는 돈(43%), 종교(39%), 애국심(38%), 자녀양육(30%), 공동체 참여(27%) 순서로 나타났다. 돈을 중시하는 비중이 가장 많은 반면 애국심과 공동체 참여 등 미국의 전통적인 가치관은 눈에 띄게 감소했다. 신문은 이런 변화의 원인을 2001년 9.11 테러, 2008년 금융위기와 경기침체, 그리고 트럼프 전 대통령의 등장에서 찾았다. '애국심' 저하의 원인에는 팽배한 개인주의 탓도 있지만, 트럼프의 등장으로 애국심이 극우 세력의 전매특허처럼 된 것이 영향을 끼쳤다고 분석했다. 강성 극우 지지층을 등에 업고 선동 정치를 일삼는 트럼프가 미국인들이 중요하게 생각하는 전통적인 가치관을 변화시켰음을 알 수 있다. 국가 최고 지도자로서 대통령의 영향력이 얼마나 지대하다는 것을 방증하는 조사라고 생각한다. 트럼프가 2024년 대선에서 당선되어 4년의 임기를 더 한다고 가정하면, 지금까지 미국 사회를 통합하는 핵심 가치가 된 애국심이나 공동체 참여에 대한 관심과 실천은 감소하는 반면에 이념적으로 양극화되고 팬덤화된 진영대결로 치닫게 되면서 갈등과 분열의 늪으로 점점 빠져들게 될 것이다.

트럼프는 나치 정권의 파울 괴벨스(Paul Göbbels)처럼 선전 및 선동의 제왕이라도 되는 양 행동했다. 트럼프의 말과 행동은 괴벨스가 선전, 선동했던 말과 맞아떨어진다고 해도 지나치지 않을 정도다. 괴벨스가 남긴 어록을 감상해보자. "분노와 증오는 대중을 열광시키는 가장 강력한 힘이다", "대중은 작은 거짓말보다는 더 큰 거짓말에 속는다", "거짓말도 100번 하면 진실이 된다", "이제, 국민들이여! 감연히 일어나, 폭풍을 일으켜라!" (이 말은 트럼프가 '1·6 의사당 난입 사태' 당시 지지층들에게 했던 "나라를 되찾기 위해 죽도록 싸우라"라는 선동을 떠올린다.) 괴벨스의 어록 하나하나가 대담한 거짓말쟁이 트럼프에게 정확하게 맞아떨어진다. 괴벨스와 트럼프는 반사회적 인격장애자로 그들은 '거짓말은 처음에는 부정되고 의심받지만 되풀이하면 결국 모든 사람이 믿게 된다'는 대중의 심리를 파고들었다.

괴벨스와 트럼프가 대중의 심리를 이용한 것 말고도 공통점이 있다.

바로 그들은 가능한 많은 사람에게 그들의 메시지를 전달할 수 있는 기기를 정치 선동에 적극 활용했다. 괴벨스는 독일 라디오 생산량을 늘리고 히틀러의 연설을 언제 어디서나 들을 수 있도록 학교, 공장, 공원 등 공공장소에 스피커를 설치했다. 트럼프는 자신이 직접 운영하는 소셜 미디어를 활용하여 대중을 선동한다.

법의
정치적 이용

Demagogue
Trump

제6장
법의
정치적 이용

2017년 1월 20일, 미국 제45대 대통령 도널드 J. 트럼프는 취임식에서 역대 대통령과 마찬가지로 성경에 손을 얹고 취임선서문에 선서했다. "나는 합중국 대통령의 직무를 성실히 수행하며, 최선을 다하여 합중국 헌법을 보전, 보호, 수호할 것을 엄숙히 선서한다." 그러나 트럼프 대통령 취임 이후 그의 언행은 미국 사회를 비상식과 비합리의 대혼란으로 빠져들게 하였다. "최선을 다하여 헌법을 지키겠다"는 선서를 망각한 채 대통령의 직위와 권력을 이용하여 법을 개인적, 정치적 목적 달성을 위한 도구로 해석하고 이용하기 시작했다.

트럼프는 대통령 취임 이전부터 정권인수위원회에 가족과 자녀들을 포함시켜 법을 자의적으로 해석하고 이용한다는 논란과 함께 비난을 받았다. 역대 미국 대통령 중 가족을 인수위에서 활동하도록 한 전례는 없다고 한다. 미국 법규에 명시된 '이해관계 충돌(Conflict of Interest)'에 어긋나기 때문이다. 이해관계 충돌이란 개인의 사적인 이해관계가 자신이 맡고 있는 업무 또는 공공이나 타인의 이익과 서로 상충되는 상황을 뜻한다. 역대 미국 대통령들도 정권인수위원회에 참여할 능력이 있는 가족이나 자녀가 얼마나 많았겠는가? 이해관계 충돌 때문에 가족이나 자녀의 참여를 엄격하게 금지한 것이다.

트럼프는 딸 이방카 트럼프(Ivanka Trump), 사위 재러드 쿠시너(Jared Kushner), 아들 도널드 트럼프 주니어(Donald Trump Jr.)와 에릭 트럼프(Eric Trump) 등을 인수위 집행위원에 포함했다. 트럼프는 선거유세 기간 내내 부패 척결을 위해 싸우겠다고 큰소리를 쳐놓고 대통령에 당선되자마자 말과 행동을 완전히 바꿨다. 트럼프가 대통령 취임 후 본인의 개인적, 정치적 목적 달성을 위해 법을 정치적으로 이용한 통치행위 중 세 가지 사례를 들어보기로 하자.

┃ 트럼프의 가족
(왼쪽부터 트럼프, 아들, 아내, 딸, 사위)

첫째, 트럼프는 인종차별적이고 반종교적인 행정명령을 발동했다. 2017년 1월 27일, 트럼프는 취임 일주일 후 행정명령(13769호)을 발동하여 테러 위험국가 출신 난민에 대한 입국 심사를 대폭 강화하고 이라크, 시리아, 이란, 리비아, 소말리아, 수단 공화국, 예멘 국적을 가진 사람에게 모든 비자발급을 90일 동안 정지하고 난민의 미국 입국을 120일 동안 금지하는 반(反)이민 행정명령에 서명했다. 트럼프가 속전속결로 반이민 행정명령에 서명하게 된 배경에는 백인우월주의 성향이 강한 스티브 배넌(Steve Bannon) 백악관 수석전략가 및 고문의 주도적인 역할이 있었다고 한다. 배넌은 트럼프가 선거본부 최고 책임자로 스카우트했던 인물로 스티븐 밀러(Steven Miller) 백악관 수석정책보좌관과 함께 '미국 우선주의'에 근거한 정책을 입안하였다. 배넌과 밀러는 TPP 탈퇴, 멕시코 국경장벽 건설, 반이민 행정명령 등 트럼프 행정부의 초강경 정책을 견인하였다. 트럼프는 2016년 대선후보 시절에도 강경한 이민 정책을 제시하면서 이민자들 때문에 일자리를 잃는다고 생각하는 백인 노동자들의 전폭적인 지지를 받았다.

　전 세계는 트럼프의 전격적이고 강력한 반이민 행정명령에 큰 충격을 받았다. 세계 각지에서 트럼프의 반이민 행정명령이 이민자가 세운 미국의 건국이념에 어긋날 뿐 아니라 특정 인종, 종교에 대한 차별이자 외국인 혐오라는 비난이 쏟아졌다. 시민, 인권단체, 실리콘밸리의 IT 기업, 연방정부의 법무장관 대행을 비롯한 관리들도 반대하고 나섰다. 연방지방법원은 시민단체와 피해자들의 요청을 수용하여 트럼프의 반이민 행정명령이 수정헌법 제1조(헌법상 평등한 보호, 종교차별금지 조항)에 위배된다고

┃ 트럼프의 반(反)이민 행정명령에 항의하는 시위

판시하고 반이민 행정명령 이행금지 긴급명령을 내렸다. 연방항소법원도 "7개국 입국자들이 테러를 자행했다는 근거를 제시하지 못했다"고 판시하면서 반이민 행정명령을 중단시킨 하급법원의 손을 들어주었다.

사법부에 의해 반이민 행정명령이 제동 걸렸다고 해서 물러날 트럼프가 아니었다. 2017년 3월 6일, 트럼프는 반이민 수정 행정명령을 발동했다. 수정 행정명령은 1월 17일 행정명령과 약간의 차이를 두었다. 수정 행정명령은 입국금지 대상 이슬람권 7개 국가(이란, 이라크, 시리아, 예멘, 리비아, 수단, 소말리아) 중에서 이라크를 제외한 6개국 국적자에 한해 기존 비자 발급자와 영주권자에 대한 입국은 허용하고 신규 신청자의 대해서는 90일간 입국을 금지하면서 난민 지위를 인정받은 사람은 입국을 허용했다. 야당인 민주당에서는 "수정 행정명령 역시 여전히 입국금지이고,

무슬림 입국금지는 부도덕하고 위헌적인 목표를 재포장했을 뿐이다"고 맹비난했다. 법원은 "대통령의 수정 행정명령은 모호한 말로 국가안보를 내세우고 있지만 내용은 종교적 무관용, 반감, 차별로 가득 차 있다. 트럼프 정부의 국가 안보 이익 주장은 종교적 반감에 뿌리를 둔 행정명령을 정당화하고 무슬림의 미국 입국을 막으려는 의도로 보인다. 의회가 대통령에게 외국인의 입국을 거부할 포괄적 권한을 부과했지만, 그 권력은 결코 절대적인 것이 아니다"고 지적하면서 수정 행정명령의 중단을 판시했다. 트럼프는 수정 행정명령 역시 법원에 의해 제동이 걸리자 연방대법원에 상고하였다.

  사실 트럼프는 자신의 반이민 행정명령이 1심과 2심 법원에서 중단 또는 금지되더라도 믿는 구석이 있었다. 바로 연방대법원은 9명의 대법관 중 보수성향의 대법관이 다수를 차지한다는 점이었다. 2018년 6월 26일, 연방대법원은 "대통령의 무슬림 입국금지의 근거가 된 '이민국적법(Immigration and Nationality Act)'은 대통령 권한의 범위 내에 있으며, 대통령은 외국인들의 미국 입국을 유예시키는 데 있어 그에게 부여한 폭넓은 재량권을 적법하게 행사하였다"라며 트럼프의 행정명령에 손을 들어주었다. 이에 따라 이란, 리비아, 시리아, 예멘, 소말리아, 차드 등 이슬람권 6개국과 북한, 베네수엘라 국적자 입국을 금지한 트럼프 대통령의 수정 반이민 행정명령이 발효되었다. 다만, 연방대법원은 "미국에 거주하는 개인이나 단체와 '신의 성실한 관계(bona fide)'에 있는 외국인에 대해서는 입국을 금지할 수 없다"며 행정명령에 예외를 두었다. 연방대법원은 트럼프의 기대를 저버리지 않았으며 반이민 행정명령은 트럼프의 승리로 끝났다. 바이든 대통령은 취임 첫날 무슬림 국가 출신 국민의 입국을 허용하는 행정명령을 발동하여 전임 트럼프 대통령의 정책을 뒤집었다.

물론 미국 대통령에게 주어진 권한 내에서 행정명령을 발동하는 것은 대통령 고유 영역이고 행정명령의 내용과 대상을 놓고 많은 국민이 반대할 수도 있다. 문제는 트럼프 대통령이 행정명령을 발동한 뒤에 행정명령이 곧바로 시행되지 않고 법원으로부터 제동이 걸렸을 때 트럼프의 처세다. 트럼프는 시민단체와 피해자들이 연방지방법원에 행정명령의 부당성에 대해 소송을 제기하고 재판부가 행정명령의 중단을 판결했을 때, "미국의 법 집행력을 빼앗은 '소위 판사'라는 자의 의견은 터무니가 없으며 뒤집힐 것이다. 판사가 잠재적인 테러리스트들에게 미국을 열어줬다. 만약 어떤 일이 일어난다면 판사와 사법체계를 비난하라"며 신랄하게 공격했다. 트럼프의 치고빠지는 정치적 화법이다. 정부가 반이민 행정명령의 위헌 여부 판결에서 이기든 지든 문제는 행정명령에 있는 것이 아니라 정치화된 법원에 있다고 미리 선포한 것이었다. 트럼프의 교묘한 정치적 수사이고 자신의 생각에 맞지 않거나 불리한 상황이 되면 '가짜'라는 수식어를 붙여 가짜 뉴스, 가짜 판결, 가짜 정보로 낙인찍어버린다.

오죽했으면 판사 출신 미치 매코널(Mitch McConnell) 공화당 상원 원내대표가 방송에 출연하여 "때때로 우리 모두는 판사들에게 실망한다. 그러나 나는 판사들을 개인적으로 비난하지 않는 것이 최선이라고 생각한다"고 트럼프 대통령을 공개적으로 비판했을까. 존 로버츠(John Roberts Jr.) 연방대법원장도 트럼프의 판사 비난과 사법부 폄하에 이례적으로 입장문을 내며 반박에 나섰다. 로버츠 대법원장은 2018일 11월 21일 트럼프 대통령이 제9연방순회법원의 존 타이거(Jon Tigar) 판사를 '이 사람은 오바마 판사'라고 비난한데 대해 "우리에겐 '오바마 판사'도, '트럼프 판사'도, '부시 판사'도, '클린턴 판사'도 없다"며 "우리에게는 자신들 앞에 선 모든 사람에게 공평하게 하도록 최선을 다하는 헌신적인 판사들의 비범한 집단만 존재할 뿐이다. 독립적인 사법부는 모두가 감사해야 할 대상이다. 미국 사법부는 정치적으로 좌우되지 않는다"는 입장을 발표했다. 행정부를 대표하는 대통령과 사법부를 대표하는 연방대법원장이 반이민 정책을 놓고 정면충돌을 빚었다. 트럼프 대통령 소속의 공화당 상원 원내대표가 나서서 트럼프의 언행을 비난하고, 사법부의 수장인 연방대법원이 입장문을 발표한 것은, 트럼프가 삼권분립을 규정한 헌법정신을 위반하는 위험한 정치적 선동과 비상식적인 막말을 하였기 때문이다.

도대체 미국 대통령의 행정명령이 무엇인데 미국 사회를 분열과 갈등으로 몰아넣으면서 법원에서 대통령의 고유 권한을 중단시키는 것일까. 여기서 잠깐 미국 대통령의 행정명령에 대해 살펴보기로 하자. 미국 대통령의 행정명령(Executive Order) 발동 권한은 연방헌법 제2조 제3항 "대통령은 법률이 충실하게 집행되도록 할 것(… he shall take Care that the Laws be faithfully executed)"이라는 문장에 근거한다. 연방헌법은 대통령으로 하여금 법률을 충실하게 집행하도록 명령함으로써 의회에서 수립된 정책을 대통령이 수행하는 역할을 부여하였다. 흔히 '법률집행조항(Take Care Clause)'이라고 불리는 위 문장을 놓고 논란이 있다. 위 문장은 미국 대통령의 권한 행사의 한계를 놓고 대립과 갈등을 빚고 있는데, 논점은 대통령이 법을 준수하여 집행권한을 행사해야 할 책임이 있다는 해석과 대통령이 적극 의회활동에 개입하여 입법적 해결을 유도할 책임이 있다는 해석이다.[1] 행정명령과 관련한 직접적, 구체적 규정은 명확하게 존재하지 않는다.

'미국변호사협회(American Bar Association)'에 따르면 '행정명령'이란 연방정부를 운영, 관리하는 대통령이 작성, 서명하고 연방관보법에 따라 출판의 대상이 되는 문서상의 지시를 의미한다. 행정명령은 연방정부의 수장인 대통령에게 부여한 권한으로서 연방기관과 기관의 장, 그리고 연방공무원들에게 내리는 명령으로 일반법과 마찬가지로 법적인 구속력이 있다. 행정명령은 해당 대통령의 임기 내에는 유효하지만 차기 대통령이 또 다른 행정명령으로 취소할 수 있다는 점에서 의회에서 통과된 법과는 다르다. 행정명령은 대통령이 새로운 법을 제정하거나 기존 법을 개정하고 싶어도 연방 의회의 승인을 받아야 하는 절차 때문에 시간이 많이 걸릴 뿐 아니라 무엇보다 의회의 반대로 무산될 수가 있다는 점에서 대통령에게 권한을 부여한 제도로 볼 수 있다.

그러나 대통령이 발동하는 행정명령이 모두 집행되는 것은 아니다. 의회가 대통령의 행정명령을 무효로 할 수 있지만, 거부권을 행사하는 대통령의 권한을 막기 위해서는 의회에서 3분의 2 이상의 지지가 필요하

---

1 헌법재판소 헌법재판연구원. (2020). "미국 대통령 행정명령과 사법심사". 비교헌법연구 2020-B-4.

다는 점에서 쉽지 않다. 또한 관련 기관이나 단체 또는 피해자가 행정명령을 중단시키기 위해서는 대통령의 행정명령이 헌법 위배 또는 대통령의 권력 남용이라는 이유로 소송을 제기하여 지루한 법정 공방을 해야한다.

역대 미국 대통령의 행정명령 발동 횟수는 프랭클린 루스벨트(Franklin D. Roosevelt) 대통령이 3,721개로 가장 많았고, 우드로 윌슨(Woodrow Wilson) 대통령 1,803개, 캘빈 쿨리지 대통령(Calvin Coolidge) 1,203개, 빌 클린턴(Bill Clinton) 대통령 364개, 조지 W. 부시(Gorge W. Bush) 대통령 291개, 버락 오바마(Barack Obama) 대통령 276개, 도널드 트럼프(Donald Trump) 대통령 220개 순으로 나타났다. 역대 대통령의 행정명령 발동 건수는 많게는 3천 개가 넘는 것으로 나타났지만, 발동 사유는 대통령 소속 정당이 추구하는 정책 방향과 노선, 대통령 선거 공약 이행, 대통령 개인의 국정철학, 국내외 정세 등 다양한 변수가 작용한다. '아메리카 프레지던시 프로젝트'에 따르면 대통령은 취임 초기 행정명령을 많이 발동하는데 의회를 통해 정책을 시행하려면 시간이 많이 걸린다는 것, 그리고 무엇보다 대선 공약을 이행해 국민에게 성과를 보여주기 위해서라고 한다.

둘째, 트럼프는 헌법에 명시된 대통령의 사면(赦免) 권한을 사적, 정치적으로 이용하였다. 미국 대통령의 사면권은 헌법 제2조 "대통령은 합중국에 대한 범죄에 관하여, 탄핵의 경우를 제외하고, 형의 집행유예 및 사면을 명할 수 있는 권한을 가진다"에 근거한다. 대통령의 사면이 집행되면 사면 대상자는 법적 절차가 시작되기 전이든 진행 중이든 심지어 유죄가 확정된다 해도 즉각 모든 혐의가 말소된다. 후임 대통령도 전임 대통령의 사면령을 취소하거나 번복할 수 없을 정도로 대통령의 사면권은 막강한 권한이 아닐 수 없다. 다만, 사면의 효력은 연방 범죄에 국한하기 때문에 주 차원의 범죄 혐의에는 미치지 못한다.

그러나 대통령이 사면권을 행사하여 사면 대상에 어떤 사람을 포함시키느냐 하는 것은 대통령직에 대한 국민의 지지와 존경과 관계가 깊다는 점에서 주목할 사안이다. 사면은 대통령의 고유권한이지만 사면대상은 국민이 상식적으로 납득할 만한 인사여야 한다. 트럼프가 국민의 상식과 눈높이에 맞지 않을뿐더러 사면권2을 남용해 부정부패와 비리를 저지른 측근들을 챙긴 사례를 살펴보기로 하자.

2020년 7월 10일, 트럼프는 러시아 스캔들3과 연루된 혐의로 기소돼

---

2 사면권은 대통령의 고유 행정 권한으로 형벌 자체를 없애주거나 감형시켜 주는 것을 말한다. 미국 대통령은 복권(pardon), 집행연기(reprieve), 감형(commutation) 및 벌금 면제(remission) 등 4가지 방법으로 사면권을 행사할 수 있다. 대통령의 사면 권한은 연방법을 어긴 범죄에만 적용되고, 주 차원의 범죄에는 적용되지 않는다.

3 러시아 스캔들은 트럼프 대통령에게서 떼려야 뗄 수 없는 낙인과 같다. 스캔들 발생의 배경은 2016년 대선 당시 민주당의 힐러리 클린턴 후보와 민주당 전국위원회(DNC)의 이메일이 러시아 해커의 공격으로 이메일이 대량 유출되면서 일어났다. 힐러리 클린턴 후보와 DNC의 이메일 수천 건이 해킹돼 폭로 전문 사이트인 위키리크스를 통해 공개되면서 국무장관 시절 개인 이메일을 사용했다는 의혹을 받은 힐러리 클린턴 후보에게는 상당한 대선 악재로 작용했다. <뉴욕타임스>는 8월 14일자 기사에서 "폴 매너포트(트럼프 대선 캠프 선거대책본부장)가 우크라이나의 친러시아 정당으로부터 현금 1,270만 달러를 받았다"는 내용의 기사를 보도했다. 2017년 1월 6일, 오바마 정부

허위진술, 증인매수, 공무집행방해 등 7가지 혐의로 40개월 징역형을 선고받고 7월 14일부터 교도소에 수감될 예정이었던 로저 스톤(Roger Stone)에 대한 특별 감형(commutation), 즉 유죄 판결 기록을 삭제하지 않고 형량을 줄여 주는 형식으로 사실상 사면 조치했다. (트럼프는 2020년 12월 23일 스톤에 대한 사면을 단행했다). 트럼프는 스톤의 징역형은 물론 보호관찰 2년, 벌금 2만 달러까지 모두 사면했다. <로이터>는 "이번 조치는 범죄 기록 자체를 말소하는 사면과 달리 처벌 수위만 낮추는 것이라고 하더라도 트럼프가 측근들을 보호하기 위해 보여온 행동 중 가장 적극적인 개입이다"고 평가했다.

일반적으로 대통령은 법원 판결로 형이 확정되고 일정 기간 복역을 하고 있는 범법자를 대상으로 사면조치를 단행하기 마련인데, 트럼프는 스톤이 복역하기 사흘 전에 사면조치를 취했다. 스톤과 트럼프의 관계를 단정할 수 있는 대목이고, 스톤에 대해서는 좀 더 설명이 필요한 이유다. 스톤은 1970년대 닉슨 대통령 선거부터 정치에 뛰어들어 역대 공화당 출신 후보들에게 선거 전략을 자문해 온 선거기술자다. 스톤은 1980년부

국가정보국에서는 "러시아의 대선개입은 블라디미르 푸틴 러시아 대통령이 2016년 미국 대선에 영향을 끼치도록 지시한 것으로 추정된다. 지시의 목적은 미국 민주주의 절차에 대한 공공의 신뢰를 훼손하고, 힐러리 클린턴 국무장관을 폄하하며, 힐러리 클린턴 후보의 선출 가능성 및 대권 잠재력에 해악을 끼치려는 것으로 보인다"는 합동조사 결과를 발표했다. 야당인 민주당에서는 러시아 대선개입을 닉슨 대통령이 워터게이트 빌딩의 민주당 전국위원회 본부에 도청장치를 설치하려다 발각돼 결국 사임하게 된 '워터게이트'에 비유했다.

┃ 로저 스톤의 석방을 요구하는 트럼프 지지자들

터 트럼프와 인연을 맺은 40년 지기이자 최측근이며 '트럼프의 남자'로
알려졌다.

스톤은 넷플릭스에서 다큐멘터리 ＜킹메이커 로저 스톤＞(Get me
Roger Stone)이 방영될 정도로 정치권은 물론 장기간 대중의 인지도가
높은 '킹메이커' 선거전략가다. '(냉혹한)거래 기술자' 트럼프와 '(흑색)선
거 기술자' 스톤의 만남이 미국 정치사를 바꿔놓았다. "도널드 트럼프는
로저 스톤의 창조물이다"는 말이 괜히 생기진 않았을 것이다. "무명보단
차라리 악명이 낫다", "방어 말고 공격을 하라", "잘못에 대해 아무 것도
인정하지 마라" 등으로 요약되는 행동지침은 '스톤의 법칙(Stone's Law)'
으로 알려지게 되었다. 정치인 트럼프의 말과 행동을 보면 스톤의 법칙
을 철저히 따르고 있음을 알 수 있다. 트럼프는 킹메이커를 배출하는 '스

톤정치사관학교'의 우등생이다.

트럼프의 스톤 사면에 따른 후폭풍은 거셌다. 민주당과 트럼프의 친정인 공화당 내에서도 대통령이 직접 사법권에 개입한 나쁜 사례라고 비난하면서 미국 역사상 최악의 부패행위라고 맹공을 퍼부었다. '러시아 스캔들' 탄핵을 주도했던 애덤 시프(Adam Schiff) 하원 정보위원장은 "트럼프에게는 두 가지 종류의 사법 제도가 있다. 하나는 죄를 저지른 트럼프의 친구들을 위한 것이고 또 하나는 나머지 사람들을 위한 것이다. 이번 사면은 법의 규칙과 정의의 원칙에 대한 가장 모욕적인 일이자 '법치 모독'이다"고 강력 비판했다. 당시 언론에서는 트럼프가 신랄한 비난을 의식하면서 스톤에 대한 사면을 단행하는 무리수를 둔 것은 2020년 11월 치러질 대선에서 승리하기 위해서는 경험 많은 스톤의 선거 전략과 자문이 필요했기 때문이라고 분석했다. 트럼프가 목표를 달성하기 위해서는 수단과 방법을 가리지 않는다는 것을 방증한다.

2020년 12월 22일, 트럼프는 러시아 스캔들로 유죄판결을 받은 측근 조지 파파도풀로스(George Papadopoulos) 전 2016년 대선캠프 고문과 부패를 저지른 전직 공화당 의원, 아동 등 다수의 이라크 민간인을 살해한 전직 군인 등 15명을 사면했다. 12월 23일에는 폴 매너포트(Paul Manafort Jr.) 전 선대본부장, 비선 참모 로저 스톤, 사위 재러드 쿠슈너 백악관 선임보좌관의 부친 등 26명에 대해 사면을 단행했다.

러시아 스캔들은 트럼프의 2016년 대통령 선거 운동 과정은 물론 2017년 대통령 취임 이후에도 줄곧 그의 아킬레스건이 된 사건이다. 트럼프는 러시아 스캔들 수사가 정치적 목적으로 부당하게 이뤄졌다고 주장했고 유죄판결을 받은 측근들을 사면했다. 정치권에서는 퇴임을 앞둔 트럼프가 러시아 스캔들 의혹을 지우고 정치적 동맹관계인 공화당 인사들에게 혜택을 줄 목적으로 개인적, 정치적 사면을 단행했다는 비난을 쏟아부었다. 아이오와주 연방지방법원의 로버트 프랫(Robert Pratt) 판사는 "범죄자 트럼프가 다른 범죄자를 사면하는 격이다"고 비판했다.

2018년 '러시아 스캔들' 보도로 <뉴욕타임스>와 <워싱턴포스트>가 퓰리처상을 공동수상했는데, 2021년 10월 3일 트럼프는 "'러시아 스캔들' 보도는 정략적인 목표를 위해 증거도 없이 꾸며진 가짜 뉴스이기 때문에 선정위원회가 상을 취소하고 퓰리처상을 자진 반납하라"고 촉구했다. 트럼프는 '러시아 스캔들'의 족쇄에서 벗어나고 싶은 절박함에서 대통령에게 주어진 모든 권한을 총동원하였다.

트럼프는 2020년 11월 25일 '트위터'로 최측근 마이클 플린 전 백악관 국가안보보좌관을 사면한다고 발표했다. 플린 전 보좌관은 2016년 12월 주미(駐美) 러시아 대사인 세르게이 키슬리악(Sergey Kislyak)과 접촉한 사실을 두고 연방수사국(FBI)에 허위진술을 한 혐의로 기소됐다. 플린은 국가안보보좌관 내정자 자격으로 키슬리악 대사와 접촉해 오바마 정부에서 러시아에 부과한 제재를 해제하는 방안을 논의했다는 의혹을 받았다.4 이후 FBI가 2016년 미국 대선에 러시아가 개입했다는 의혹을 수사

---

4 플린에게 적용된 법은 '로간법(Logan Act)'이다. 법의 요지는 정부로부터 권한을 위임받지 아니한 일반 시민이 외국 정부를 상대로 협상을 하거나 외교적 행위를 해서는 안 된다는 것이다. 플린은 2016년 11월 국가안보보좌관으로 내정되긴 했지만 민간인 신분이었기 때문에 위법에 해당한다.

하는 과정에서 그를 조사했으나, 러시아와 접촉한 사실이 없다고 허위진술을 한 점이 인정돼 재판에 넘겨졌다.

트럼프는 플린 전 보좌관을 사면하면서 많은 논란거리를 만들었다. 트럼프는 법무부 사면국(OPA)과 상의도 하지 않고 플린의 사면을 독단적으로 발표했다. <뉴욕타임스>는 "트럼프 대통령이 이번 사면을 발표하면서 법무부와 상의하지 않았고 발표 직전에야 통보했다"고 보도했다. <워싱턴포스트>는 "플린 전 보좌관에 대한 사면으로 남은 임기 중 추가 사면을 요구하는 '트럼프 측근'들의 목소리가 높아질 것"이라고 보도했다.

트럼프 측근 로비스트들의 사면권 장사에 대한 우려의 목소리는 현실이 되었다. <뉴욕타임스>는 "트럼프 측근 수십 명이 부유한 범죄자들로부터 돈을 받고 '사면 로비스트'로 활동하고 있다. 트럼프의 개인 변호사이면서 뉴욕시장을 지낸 루돌프 줄리아니(Rudolph Giuliani)에게 사면 로비를 할 경우 200만 달러를 지급해야 한다는 이야기가 오갔다"고 전했다. 거래 기술자 트럼프에게는 세상의 모든 것이 거래에서 시작해 거래로 끝난다.

트럼프 대통령의 비상식적이고 독선적인 권한 남용은 2021년 1월 20일 대통령 임기 종료 몇 시간 전에 73명을 사면하고 70명을 감형하면서 정점을 찍었다. 사면 대상 중에는 트럼프의 최측근이자 책사(策士)로 일했던 스티븐 배넌 전 백악관 수석전략가도 포함되었다. 배넌은 백인우월주의 성향의 전략가로 트럼프의 '미국 우선주의'에 기반하여 반(反)이민 정책, 미국·멕시코 국경 장벽 설치, TPP 탈퇴, 자유무역협정(FTA) 재협상 등을 설계한 인물이다. 배넌은 2020년 미국·멕시코 국경장벽 건설을 명목으로 모금한 모금액(2,500만 달러) 중 일부를 사적으로 도용하여 구속기소됐다. 이밖에도 총기 소지 혐의로 기소된 래퍼 릴 웨인(Lil Wayne), 뇌물수수로 기소된 셸던 실버(Sheldon Silver) 전 뉴욕주의회 의장, 친(親)트럼프 사업가이면서 공화당의 '돈'줄이었던 엘리엇 브로이디(Elliott Broidy), 2008년 위증과 공무집행방해로 유죄 판결을 받은 콰메 킬패트릭(Kwame Kilpatrick) 전 디트로이트 시장도 사면됐다.

트럼프의 사면대상을 보면 한결같이 인종차별, 불법, 부정부패, 사기, 비리와 연관돼 유죄판결을 받은 범법자들이다. 웨인은 불법 무기 소지와 마약 복용 혐의로 징역형을 받았다. 실버 전 의장은 정치적 직위를 이용해 로펌 등으로부터 거액의 뇌물을 받는 등 사기와 사기공모 등 총 5가지 혐의로 모두 유죄가 인정될 경우 100년의 징역형에 처해질 수도 있는 중범죄자였다. 브로이디는 트럼프에게 거액의 정치후원금을 기부한 사업가로 외국 로비 관련 법률을 위반한 혐의로 기소돼 자신의 유죄를 인정했다. 킬패트릭 전 시장은 2002년 취임하여 2008년 사임하기까지 공갈, 갈취, 세금 탈루 등 30여 가지의 연방법을 위반한 것으로 드러나 징역 28년형을 받았다.

트럼프는 사면권을 대통령이 마음먹은 대로 휘두를 수 있는 '절대 권리(absolute power)'인 양 생각하고 안면몰수식으로 국민들이 납득하기 어려운 범법자들에게 혜택을 베풀었다. 2020년 12월 2일, 시사주간지 <타임>은 "2020년 11월 10일까지 트럼프 재임 기간에 발표한 41건의 사면 또는 감형 중 88%가 트럼프와 개인적으로 친분이 있거나 정치적으로 연관이 있는 인물이었다"고 보도했다. 《트럼프 이후: 대통령직의 재구성》(*After Trump: Reconstructing the Presidency*)의 공동저자 잭 골드스미스(Jack Goldsmith)는 <뉴욕타임스> 기고에서 "이렇게 집요하게 자신의 잇속만 차리는 방식으로 사면권을 행사한 대통령은 없었다"고 꼬집었다.

트럼프 사면과 관련하여 최대의 관점 포인트는 트럼프가 임기 종료와 함께 대통령 면책권을 잃기 전에 '셀프 사면'을 하느냐였다. 러시아 스캔들, 탈세, 보험 사기, 성폭행, 기밀문서 유출 의혹 등 민·형사 위법 혐의를 받고 있는 트럼프에게 대통령 재직 중에는 형사소추를 받지 않지만 퇴임하면 보호막이 사라지는 두려움 때문에라도 셀프 사면 유혹에 빠질 가능성이 컸을 것이다. 그의 가족이 의심을 사고 있는 각종 비리와 부정부패 또한 셀프 사면 카드를 사용하게 할 동기를 제공했을 법했다.

트럼프 자신과 가족이 받고 있는 의혹은 일일이 기록하기도 어렵다. 차남 에릭은 트럼프 재단의 수백만 달러 규모 탈루 의혹, 딸 이방카는 트럼프 대통령 취임 당시 수도 워싱턴 DC의 트럼프호텔에서 열린 축하 행사 비용 과다 청구 혐의, 쿠슈너 백악관 선임보좌관의 경우 '기밀정보 접근권(대통령 브리핑 등 극비 자료를 읽을 수 있는 권한)'을 얻기 위해 자신의 신변을 밝히는 과정에서 외국인 접촉자에 대한 허위 정보 제공 혐의, 그리고 장남 트럼프 2세는 2016년 대선 당시 힐러리 클린턴 민주당 후보에 대한 불리한 정보를 러시아에 제공했다는 의혹 등.

트럼프는 미국 역대 대통령 중 누구도 시도하지 않았던 셀프 사면 방안을 적극 검토해왔던 것으로 알려졌다. 실제 트럼프는 2018년에도 "나는 나를 사면할 권리가 있다"고 주장하면서 '셀프 사면'을 누차 언급했으니 놀랄 일은 아니었다. 미 헌법에 대통령의 사면권이 명시된 만큼 셀프 사면도 이론상 가능하지만 전례가 없다. 법조계에서도 대통령의 셀프 사면에 대한 찬반이 팽팽하다. 미국 법무부는 "누구도 자신을 판결할 수 없다는 기본 원칙으로 볼 때 대통령은 자신을 사면할 수 없다"는 셀프 사면 불가론 입장이다. 또 다른 시각에서는 대통령의 사면권은 '절대적' 이기 때문에 스스로를 사면할 수 있다는 입장이다.

일각에서는 트럼프가 퇴임 직전 사임하고 마이크 펜스(Mike Pence) 부통령에게 권한을 넘겨주면서 사면권 행사를 부탁할 수 있다는 전망도 나왔다. 미국 정치사에서 대통령 사면에 대한 선례가 있다. 리처드 닉슨 (Richard Nixon) 대통령이 탄핵 전 사임하게 되면서 부통령이었던 제럴 드 포드(Gerald Ford Jr.)가 대통령으로 취임해 닉슨을 사면했다. 포드는 "대통령직을 대가로 부패한 거래를 했다"는 비판을 감수해야 했다. 미국 정치권에서는 사상초유의 대통령 셀프 사면을 기정사실화한 뒤 이후 벌 어질 법정 공방에 대해 예측을 내놓기도 했다.

그러나 대통령의 셀프 사면에 관한 한 트럼프답지 않았다. 그만큼 법 적, 정치적 부담이 컸던 탓일까. 지금까지 트럼프의 말과 행동으로 볼 때 그의 어깨를 짓누르는 법적, 정치적 부담 같은 것은 전혀 고려대상이 아 닐 것이다. 트럼프가 셀프 사면을 하지 않은 근본적인 이유는, 트럼프가 사면권을 행사할 수 있는 권한은 연방법을 어긴 범죄에만 적용되고, 주 차원의 범죄에는 적용되지 않는다는 것을 잘 알고 있었기 때문일 것이 다. 트럼프가 연루된 대부분의 사건은 주 검찰들에 의해 수사가 진행되 고 있다.

트럼프의 마러라고 (Mar-a-Lago) 리조트

셋째, 트럼프의 사적 이익 추구다. 돈 많은 기업가 출신 트럼프는 세계 곳곳에 자신 이름의 건물들을 소유하고 있다. 이중 트럼프의 휴가철 별장에 해당하는 플로리다의 마러라고 리조트는 '겨울 백악관' 또는 '남부 백악관'으로 불린다.5 오바마 정부에서 정부윤리청장을 지낸 월터 샤우브

---

5 마러라고(Mar-a-Lago)는 플로리다주 팜비치에 있는 트럼프의 개인 별장으로 시진핑 중국 국가주석과 아베 신조 일본 총리가 방미했을 때도 정상회담을 가졌던 장소다. 마러라고가 트럼프의 소유가 되기까지 얽힌 일화는 트럼프가 얼마나 허위, 기만전술에 능란한가를 확인시켜준다. 원래 마러라고는 시리얼로 유명한 기업 '포스트 시리얼'의 상속녀 마저리 포스트가 1924년부터 3년 동안 현재 화폐가치로 9,350만 달러(약 999억 원)를 들여 지었다. 침실 128개, 대연회장 2개, 벽난로 12개, 방공호 3개, 테니스장 6개, 해안가 수영장 1곳, 스파 1곳 및 온갖 호텔식 편의시설이 갖춰져 있다. 대지 면적은 약 8만㎡. 포스트는 1973년 사망하기에 앞서 이 부동산을 국립공원관리공단에 기증했다. 국빈 접대용 또는 겨울철 백악관으로 사용되기를 바란다는 유언을 남겼다. 그러나 1981년 엄청난 유지 비용을 감당할 수 없어 포스트재단에 반환됐다. 포스트의 자녀들은 2천만 달러에 매물로 내놨다. 당시 아파트 두 채를 사서 한 채로 트려고 하던 트럼프가 소식을 듣고 매입자로 나섰다. 그런데 막상 계약을 하자 하니 팔지 않겠다고 했다. 그대로 물러날 트럼

(Walter Shaub)는 2018년 5월 7일자 <워싱턴포스트> 기고문에서 이곳을 "경종을 울려 마땅한 부패의 상징"이라고 비판했다. 샤우브 전 청장은 마러라고 리조트의 회원비가 트럼프 대선 승리 이후 20만 달러로 오른 사실을 언급하며 "트럼프 지지자들에게는 비용을 치르면 권력에 접근할 수 있다고 약속해 주는 마케팅 광고나 마찬가지다. 또한 '겨울 백악관'은 트럼프 행정부의 도덕적 결함을 완벽히 드러내는 곳이다. 트럼프는 2017년 2월 아베 신조 일본 총리가 마러라고 리조트를 방문했을 때에도 많은 지도자가 이곳에 오고 싶어 한다. 마러라고는 진정한 남부 백악관이라고 큰소리를 쳤다"라고 비난했다.

드럼프는 2020년 6월 G7 정상회의를 자신이 소유한 골프 리조트에서 열었다. 개인 소유지에서 국제행사를 유치, 사익을 추구하려는 게 아니냐는 지적에 대해서도 트럼프는 정상회의를 강행했다. 야당인 민주당은 트럼프 소유지에서 행사를 개최하는 것은 헌법의 반부패 조항인 '보수조항(Emolument Clause)'에 저촉되는 사례로 부패의 징후가 확연한 '이해관계 충돌'에 해당한다고 비난했다. 헌법의 '보수조항'은 선출직 공직자가 의회 승인 없이 외국 정부로부터 선물을 받거나 이득을 취하는 것을 금지한다.

프가 아니었다. 마러라고와 바다 사이의 땅을 2백만 달러에 사들이고는 해변 전망을 모두 가리는 저택을 짓겠다고 소문을 냈다. 가뜩이나 뜸하던 문의가 뚝 끊겼다. 결국 트럼프는 1985년 마러라고를 5백만 달러만 주고 손아귀에 넣었다. 현재 시가는 약 2,500만 달러. 여기에서 운영하는 회원제 전용클럽 연간 수입만 1,560만 달러에 달한다[윤희영. (2020).《조선일보》. [윤희영의 News English] 美 플로리다의 '겨울철 백악관'>. 12월 18일. 재인용.]

이상에서 트럼프가 대통령에 당선된 직후부터 임기 4년 동안 그가 법을 정치적으로 이용한 대표적인 사례들에 대해 살펴보았다. 트럼프는 헌법이 대통령에게 부여한 권한을 행사하는 과정에서 끊임없이 위헌적인 논란을 불러일으키면서 미국 사회를 분열시키고 국제사회의 질서와 규범을 무너뜨렸다. 동시에 국제사회는 미국 정부와 미국식 민주주의에 대해 불신 또는 불안감을 갖게 되었다. 트럼프가 취임 직후 발동한 반이민 행정명령만 해도 연방대법원에서 일부 승소하기까지 얼마나 많은 시간과 에너지를 낭비했으며, 궁극적으로 트럼프가 얻은 정치적 대의명분은 희화화되었거나 지지부진하게 끝나고 말았다.

민주주의를 작동시키는 기본원리를 '삼권분립(separation of powers)'이라고 한다. 삼권분립은 곧 권력분립으로 국가의 권력은 각각 독립된 조직으로 나뉘며 각 조직은 서로에 대해 견제하는 민주주의 시스템이다. 그러나 트럼프는 삼권분립을 위태롭게 하면서 '정치의 사법화 현상(judicialization of politics)', 즉 트럼프 임기 내내 그 어느 대통령보다 국가의 중요한 정책결정이 정치과정이 아닌 사법과정으로 해소되는 현상을 빈번하게 겪게 했다.

정치의 사법화는 '사법적극주의'로 표현할 수 있는데, 사법적극주의는 행정부나 입법부의 의사결정에 사법부가 적극적으로 개입하여 양부(兩府)에 의한 권력의 남용을 견제하려는 태도이다. 사법적극주의가 강화될수록 의회의 입법에 대한 위헌판결을 통해 입법권을 행사하는 '사법부 입법(judicial legislation)'이나 행정부의 정책결정에 대한 위헌판결을 통해 행정부의 정책을 변경시키는 '사법부 정책결정(judicial policy making)'이

빈번히 이루어질 수밖에 없다.

　미국의 저명한 인권운동가인 아리에 나이어(Aryeh Neier)는 빈번한 사법부 입법이나 사법부 정책결정은 민주주의 체제를 유지하는 기본원리인 권력분리의 원칙의 파기이자, 제왕적 대통령을 대체하는 제왕적 사법부의 출현이라고 지적했다.6 물론 미국 정치사에서 사회변화의 큰 물줄기를 만든 혁신적인 정책결정은 입법가나 행정가가 아니라 법관, 특히 연방대법원의 판결을 통해 미국 정치의 틀을 유지해온 것도 사실이다. 그러나 트럼프 시대에는 사법부 입법이나 사법부 정책결정의 정도가 훨씬 더 심했다.

---

6 오승용. (2010). "한국 민주주의의 위기와 법의 지배: 정치의 사법화를 중심으로". 민주주의와 인권 제10권 3호. 171-179.

법적 분쟁

Demagogue
Trump

제7장
법적 분쟁

트럼프와 관련된 법적 분쟁은 의회 탄핵 및 조사, 법원 판결, 그리고 특검 조사로 나눠 살펴봐야 한다. 대통령으로서 트럼프, 기업인으로서 트럼프, 시민으로서 트럼프의 불법, 비리 혐의와 의혹이 한 두 가지 아니라는 점에서 그에 대한 전방위적인 조사와 수사는 불가피할 것으로 보인다.

먼저 의회 탄핵부터 살펴보기로 하자. 미국 헌법에는 "대통령이 반역죄, 수뢰죄, 또는 그 밖의 중대한 범죄 및 경범죄로 탄핵당하여 유죄 판결을 받는 경우 그 직에서 면직된다"고 규정하고 있다. 미국 대통령의 탄핵 절차는 크게 두 단계로 이루어지는데, 먼저 하원에서 탄핵소추 여부가 결정되고, 둘째, 상원에서 탄핵에 대한 판결이 내려진다. 하원에서 통과된 탄핵소추안에 대하여 상원에서 탄핵을 판결할 경우 대통령은 파면된다. 대통령 탄핵안에 대한 판결은 연방대법원장이 주관하고, 상원 의원들이 배심원 역할을 하고, 하원 의원들이 기소하는 형식으로 진행된다. 최종적으로 상원 의원들이 비공개 토의 후 공개 투표를 해서 2/3 이상이 찬성하면 대통령은 면직된다.

미국 헌정사에서 대통령에 대한 하원의 탄핵소추는 4회 있었으나, 실제 상원에서 탄핵심판이 가결된 경우는 없었다. 최초로 탄핵소추된 대통령은 1868년 앤드류 존슨(Andrew Johnson) 대통령이며, 두 번째는 1998년 클린턴 대통령, 세 번째는 2019년 트럼프 대통령, 네 번째도 2021년 트럼프 대통령이었다. 현직 대통령이 재임 중 두 번이나 하원으로부터 탄핵소추된 일은 미국 헌정사상 처음이다.[1] 닉슨 대통령은 하원의 탄핵소추안이 통과되기 전에 스스로 사임하였다.

트럼프에 대한 하원의 1차 탄핵소추 경과를 살펴보자. 의회에서 트럼프에 대한 탄핵 논의는 2016년 대선 직후부터 수면 위로 떠올랐다. 트럼프의 대선승리에 러시아의 선거개입이 있었다는 의혹이 제기되면서 의회에서 탄핵 논의가 있었고 2017년 러시아 선거개입 의혹에 대한 특검이 시작되었다.

2019년 4월 로버트 뮬러(Robert Mueller) 특검의 '러시아 스캔들' 보고서 제출 이후 민주당 의원들을 중심으로 탄핵 요구가 확산되었다. 9월

▌미국 국회의사당(United States Capitol)

1 김선화. (2021). "미국 대통령 탄핵제도와 사례". 이슈와 논점 제1793호.

▌트럼프 탄핵을 주도한 낸시 펠로시(민주당) 하원의장

에는 트럼프에게 불리한 결정적인 내부 고발이 있었다. 트럼프가 7월 신임 우크라이나 대통령 볼로디미르 젤렌스키(Volodymyr Zelensky)와의 전화통화에서 바이든 민주당 대선 후보와 그의 아들 헌터 바이든(Hunter Biden)에 대한 뒷조사를 해 줄 것을 요청하였고, 수억 달러에 달하는 미국 군사원조가 그 대가로 이용되었다는 폭로였다.

트럼프는 이에 대해 바이든과 그 아들에 대한 조사를 우크라이나 대통령에게 요청한 것을 인정했으나, 어떠한 대가도 약속하지 않았기 때문에 아무런 문제가 없다고 주장했다. 그러나 민주당 의원들은 트럼프가 대통령의 권한을 남용하여 개인적인 이익을 추구하였고 이는 탄핵 사유에 해당한다고 판단하였다. 낸시 펠로시(Nancy Pelosi) 하원의장이 트럼프 대통령 탄핵 조사의 시작을 선언하면서 탄핵 절차가 공식화되었다. 의회는 청문회를 통해 트럼프가 우크라이나에 대한 군사원조와 백악관 회동을 조건으로 젤렌스키 대통령에게 바이든에 대한 조사를 요청했다는 '대가성(quid pro quo)'을 확인했다.2

의회의 트럼프에 대한 1차 탄핵소추는 두 가지 혐의와 관련되었다. 첫째, 트럼프는 의회가 승인한 4억 달러 상당의 우크라이나 군사 원조와 미국·우크라이나 대통령 간의 백악관 회동을 이용하여 우크라이나 대통령에게 바이든 후보와 그의 아들에 대한 뒷조사를 요청함으로써 대통령의 권한을 남용했는데, 이를 통해 미국의 안보를 위태롭게 하고 미국 선거를 위협했다. 둘째, 트럼프 대통령은 우크라이나 의혹에 대한 의회의 조사 과정에서 백악관 관리들에게 의회 조사에 협조하지 말 것을 종용하고 조사에 참여한 증인을 위협하는 등 의회의 정당한 조사·감독 권한을 침해하며 의회 조사를 방해했다.

2019년 12월 18일 하원 투표에서는 '권한 남용'에 대한 탄핵소추안은 찬성 230, 반대 197로, 트럼프 대통령의 '의회 방해'에 대한 탄핵소추안은 찬성 229, 반대 198로 통과됐다. 이로써 트럼프 대통령에 대한 하원 탄핵소추가 확정되었다.3 2020년 2월 5일 상원에서는 '권한 남용'에 대해서 찬성 48, 반대 52, '의회 방해'에 대해서는 찬성 47, 반대 53으로

---

2 트럼프의 중범죄(high crimes) 혐의에 대해서는 <D'Aatonio, Michael & Eisner, Peter. (2020). *High crimes*. NY: St. Martin's Press.>를 참조할 것.

3 강인선. (2019). "트럼프 대통령 탄핵의 진행 과정과 의미". 국가안보전략연구원. 이슈브리프 통권 161호. 1-3 재인용.

┃ 트럼프의 열성 지지층

탄핵기각을 결정했다.

트럼프에 대한 하원의 2차 탄핵소추는 2020년 11월 대선에서 트럼프 후보가 바이든 후보에게 패배하였는데 트럼프가 승복하지 않고 선거부정 또는 선거사기라는 터무니없는 거짓말을 하면서 지지자를 선동한 결과다. 2차 탄핵소추안은 트럼프가 임기를 얼마 남겨놓지 않은 2021년 1월 6일 지지자들의 워싱턴 연방 의사당 난입 사태와 관련한 트럼프의 '내란선동(Incitement of Insurrection)' 혐의에 관한 것이다. 트럼프는 1월 6일 의사당 난입 사태 전 백악관 앞에 모인 지지자들에게 행한 연설에서 "우리는 의사당으로 간다", "죽기 살기로 싸우지 않으면 우리는 더이상 나라를 가질 수 없다" 등의 발언을 했다. 펠로시 하원의장은 탄핵소추안 토론을 시작하면서 트럼프를 국가에 "명백하고 현존하는 위험(Clear and

Present Danger)"4이라고 표현하며 탄핵에 찬성해줄 것을 요청했다. 하원의 탄핵소추안은 찬성 232표, 반대 197표로 통과됐다.

하원에서 상원으로 넘어간 트럼프의 내란 선동 혐의에 대한 탄핵안은 최종 부결되었다. 상원은 탄핵안 표결에서 57표, 무죄 43표로 트럼프에게 무죄선고를 내렸다. 상원에서 최종 탄핵이 결정되려면 상원 전체 100명 중 3분의 2인 67명이 유죄에 찬성해야 한다. 트럼프 대통령은 임기 중 하원에서 두 번 탄핵소추가 결정되고, 상원에서 두 번 모두 무죄판결을 받는 진기록을 세웠다.

민주당 소속 의원이 다수인 하원에서는 트럼프에 대한 탄핵소추가 기

---

4 미국 수정헌법 제1조는 표현의 자유, 종교의 자유 등 국민의 기본권 보장을 규정하고 있는데, '명백·현존하는 위험의 원칙'이란 표현의 자유의 한계 내지는 표현의 자유를 제한하는 법률의 합헌성 판단기준으로 미국 연방대법원에 의해 사용되는 중요한 원칙이다. '명백·현존하는 위험의 원칙'은 특정한 표현이 제한될 수 있는 경우란 그 표현이 정부가 방지해야 할 '실질적 해악(substantial evil)'을 가져올 것이 '명백'하고 그 위험이 '현존'하는 것이어야 함을 의미한다. '실질적 해악', '명백성', '현존성'이 '명백·현존하는 위험의 원칙'의 중요한 세 가지 요소다. 이때 '실질적 해악'이란 국가가 방지할 필요가 있는 이익에 대한 침해나 위협을 뜻한다. '명백성'은 표현과 해악 발생 간의 명확한 인과관계의 존재를 의미한다. '명백·현존하는 위험의 원칙'은 '표현의 자유의 수호신'이라고까지 불리워질 정도로 표현의 자유 조항에 내실을 부여하고, 특히 표현 중에서도 정치적 메시지가 담긴 정치적 표현의 자유 보호에 큰 공헌을 해왔다는 긍정적인 평가를 받는다. 만약 정부가 쉽게 정치적 표현을 제한하거나 처벌할 수 있다고 한다면, 정부는 합법적으로 정부에 대해 비판을 가하는 언론도 금지시킬 우려가 있게 된다<임지봉. (2006). "명백, 현존하는 위험의 원칙과 우리나라에서의 적용사례". 세계헌법연구 제12권 2호. 117-138.>

각된 후에도 '의회특별조사위원회(U.S. House Select Committee)'를 구성하고 진상을 조사했다. 위원회는 2021년 7월 1일부터 1년 6개월 동안 의회조사권을 발동해 청문회를 열고 사실관계를 파악한 끝에 2022년 12월 19일, "트럼프 전 대통령에게 내란 선동 혐의 등을 적용해 기소할 것을 법무부에 권고했다"고 발표했다. 의회의 형사기소 권고(criminal referral)는 법적 구속력은 없지만 의회가 법무부에 수사를 진행해 범죄혐의가 밝혀지면 기소해달라는 요청이다. 위원회가 발표한 트럼프의 혐의는 네 가지로 평화적 권력 이양을 위한 의회의 의사집행 방해, 거짓말로 부정선거를 주장하는 미국 정부에 대한 사취 음모, 선거결과를 뒤바꾸려고 허위진술로 선거인단을 겁박한 것, 국가를 전복하려는 내란죄 등이다.

위원회는 활동을 종료하면서 그동안 수집한 증거, 인터뷰 내용 등을 망라한 845쪽 분량의 보고서에 11가지 권고사항을 나열했다. 권고사항을 모두 나열할 수는 없지만, 핵심 사항은 의사당 난입 사태 발생의 근본적인 원인은 트럼프가 제공했다고 언급하면서 사태 발생 책임이 트럼프에게 있음을 적시했다. 보고서는 수정헌법 제14조 3항 규정5에 따라 트럼프와 1·6 사태 관계자의 공직임용 영구 제한을 검토하도록 제안했다. 또한 보고서에서는 트럼프 측근들이 사태 발생 한 주 전인 2010년

---

5 수정헌법 제14조 3항 "과거에 연방의회 의원, 합중국 관리, 주 의회의원 또는 각 주의 행정관이나 사법관으로서 합중국 헌법을 수호할 것을 선서하고, 후에 이에 대한 폭동이나 반란에 가담하거나 또는 그 적에게 원조를 제공한 자는 누구라도 연방의회의 상원의원이나 하원의원, 대통령 및 부통령의 선거인, 합중국이나 각 주에서 문무의 관직에 취임할 수 없다. 다만, 연방의회는 각원의 3분의 2의 찬성투표로써 그 실격을 해제할 수 있다."

12월 29일에 지지자들을 의회 의사당으로 행진시키는 방안을 논의한 정황을 확인했고, 트럼프가 사태 발생 이틀 후 주범들을 사면하려는 의향을 내비쳤다는 내용도 포함시켰다.

트럼프는 "극히 편파적인 위원회가 워싱턴 DC에서 병력을 활용할 수 있다는 내 권고에 펠로시 하원의장이 귀를 기울이지 않은 것과 내가 평화적이고 애국적으로란 용어를 썼다는 걸 언급하지 않았다. 시위의 이유를 제대로 살피지도 않은 마녀사냥에 불과하다"고 반발했다. 사실 확인 결과 트럼프가 폭동 당일 주방위군 1만 명을 배치할 것을 국방장관에게 지시했다는 주장은 거짓으로 드러났다.

둘째, 개인 트럼프의 부정부패와 비리와 얽힌 법원판결에 대해 살펴보자. 트럼프가 법정에서 다투고 있는 사안들을 짚어보기 전에 그가 미국 시민으로서 어떻게 살아왔는가를 확인할 수 있는 지표가 있다. 트럼프가 기업을 소유, 운영하면서 벌어들인 수익에 대해 어느 정도 세금을 납부했는가를 확인해보자. 2020년 9월 27일, <뉴욕타임스>는 "트럼프가 대통령에 당선된 2016년과 2017년에 납부한 연방소득세가 모두 1,500 달러(약 176만 원)에 그치고 1997년부터 2017년까지 10년 동안 소득세를 한 푼도 안 냈다"고 폭로했다. 트럼프가 2016년과 2017년 두 해 동안 스코틀랜드와 아일랜드에 있는 골프클럽 등 해외 사업체에서 송금받은 돈은 7천 300만 달러(약 857억 원)에 이르렀다. 트럼프는 2017년 인도와 필리핀에 각각 14만 5,400달러(약 1억 7,000만 원)와 15만 6,824달러(약 1억 8,400만 원)를 세금으로 내 미국에서 750달러를 납부한 것과 대비를 이루었다.

<뉴욕타임스> 보도에 따르면 트럼프는 탈세(tax evasion)를 저지르면서 세금공제를 위해 온갖 방법을 동원한 것으로 밝혀졌다. 1997년부터 2012년까지 15년 중 10년은 수입보다 나간 돈이 많다고 신고해 연방소득세를 한 푼도 내지 않았다. 트럼프는 1990년대 초반 사업 실패로 약 10억 달러(약 1조 1,750억 원)의 손실을 봤는데 이것을 2005년까지 세금을 공제받는 데 써먹었다. 2005년부터 2007년 사이 트럼프는 라이센스·홍보계약으로 1억 2000만 달러(약 1,409억 원) 순이익을 거뒀고, 이에 부과되는 세금을 상쇄할 이전 시기 손실이 없어서 생애 처음 총 710만 달러(약 823억 원)의 연방소득세를 냈던 것으로 밝혀졌다. 그 뒤 트럼프는 기납부한 연방소득세에 273만 달러(약 32억 원)가량의 이자까지 쳐서 돌려달라고 2020년 1월 국세청(IRS)에 요구한 것으로 나타났다. 트럼프는 집과 전용기, 머리 손질 등에 사용한 개인 비용을 사업 비용으로 처리해 세금을 줄이기도 했다. '어프렌티스'에 출연하는 동안 머리 손질에 7만여 달러(약 8천 211만 원)를 쓴 것으로 처리됐다. 딸 이방카의 미용에 지출한 것으로 기록된 금액은 최소 9만 5,464달러(약 1억 1,198만 원)였다. 트럼프가 소유·운영하는 기업들이 적자를 신고해 그가 벌어들인 수백만 달러에 대한 과세를 피했다. 트럼프 정도의 수익과 미국에서 재산 상위 1%에 적용되는 세율만 고려해도 트럼프는 최소 1억 달러(약 1,175억 원)의 소득세를 내야 했다.

　사실 트럼프는 납세 내역을 공개하지 않고 버티다 연방대법원이 트럼프에게 탈세 혐의에 관한 세금 환급 자료를 검찰에 제출하라고 명령하면서 알려지게 되었다. 트럼프는 임기 내내 탈세 의혹을 받아왔지만, 재임

기간 납세 신고서를 끝내 공개하지 않았다. 역대 모든 미국 대통령은 납세액을 공개했다.

언론의 폭로에 대해 트럼프는 어떻게 대응했을까? 당시 바이든 후보와의 텔레비전 대선 1차 토론을 앞두고 대단히 곤혹스러운 상황에 내몰리게 된 트럼프는 "가짜 뉴스"니 "역사상 가장 큰 정치적 마녀사냥"이라고 반박했다. 그는 자신이 불리한 상황에 놓이게 되면 잘못을 인정하는 것이 아니라 오히려 강하게 반박을 한다. 로저 스톤에게 배운 상투적인 전가의 보도를 휘둘렀다. 그러면서 근거를 제시하거나 구체적인 설명도 하지 않고 "세금을 납부했다"는 말만 되풀이했다. 트럼프는 법을 준수하고 공익을 생각하는 시민이기는커녕 오히려 법을 악용, 무시하면서 자신과 기업의 이익을 도모하는 부패하고 악질적인 장사꾼의 전형이었다.

트럼프가 대통령직에서 물러난 뒤 트럼프와 가족의 비리와 부정부패 혐의가 법정에서 판결을 받으면서 트럼프의 민낯이 드러나고 있다. "거짓은 유통기한이 있다. 자, 이제 진실의 시간이다." 박노해 시인의 말이다. 트럼프가 쏟아낸 거짓의 유통기한이 거의 다 되었다.

2023년 1월 13일, 트럼프의 가족기업인 트럼프 그룹(Trump Organization)은 세금 사기 혐의로 160만 달러(약 20억 원)의 벌금형을 선고받았다. 뉴욕주 지방법원은 트럼프 그룹의 2개 사업체에 대해 이 같은 결정을 내렸는데, 이 유죄 판결은 트럼프 회사와 연관된 형사 유죄 판결로는 처음이다. 뉴욕주 지방법원 배심원단6은 트럼프 그룹의 2개 사업체

---

6 미국의 배심제도는 연방헌법 제3조 제2항 "탄핵사건을 제외한 모든 범죄의

를 대상으로 제기된 형법상 세금사기와 기업문서 조작 등 17개 범죄 혐의에 대해 모두 유죄를 인정했다. 트럼프 그룹은 15년간 최고위 임원들에게 아파트 임차료, 고급 승용차 리스 비용, 가족의 사립학교 학비 등 거액의 보너스를 소득 신고 없이 지급하면서 세무 당국을 속인 혐의를 받고 있다.[7]

2023년 3월 30일, 뉴욕주 맨해튼 지방검찰청 대배심은 트럼프 전 대

재판은 배심에 의한다"라는 규정에 근거한다. 배심의 유형에는 형사배심과 민사배심이 있고, 형사배심은 대배심과 소배심으로 구분할 수 있다. 대배심에서는 피의자에 대한 기소 여부를 결정하는데, 기소배심은 각 주마다 차이가 있지만 통상 16명에서 23명의 배심원으로 구성된다. 소배심(심리배심)은 통상 12명의 배심원으로 구성되며 피고인의 유·무죄에 대해 평결을 한다. 연방대배심은 선거인등록명부 또는 운전면허 대장에서 무작위로 추출한 예비배심원을 대상으로 일정한 절차를 거쳐 구성되는데, 소방공무원, 경찰, 정부의 입법, 행정, 사법 공무원 등의 직업을 가진 자를 면제대상으로 규정하고 있다. <민영선. (2006). "미국의 형사배심제도". 해외연수연구논문.>

7 트럼프와 가족은 코로나19 지원금을 받고도 고용유지를 하지 않아 지탄의 대상이 되었다. 미국 <NBC> 방송은 2020년 12월 2일자 보도에서 "트럼프와 가족 회사가 코로나19에 타격을 받은 중소기업을 도와주는 급여보호프로그램(PPP)을 이용해 수혜를 받고도 고용유지 의무를 지키지 않았다"는 의혹을 제기했다. 중소기업청(SBA)의 PPP 지원 자료를 분석한 결과 트럼프 그룹과 가족이 소유한 건물에 주소를 둔 기업에 25건 이상이 지원됐다. 액수로도 총 365만 달러를 넘는다. 하지만 이 중 15곳은 대출을 받은 뒤 직원을 한 명만 유지하거나 아예 한 명도 유지하지 않았으며, 고용 인원을 당국에 보고하지도 않은 것으로 나타났다. 일례로 뉴욕의 트럼프 인터내셔널 호텔에 있는 레스토랑은 약 216만 달러의 대출금을 받았으나 고용 유지에 사용하지 않았던 것으로 밝혀졌다.

통령을 34건의 혐의(청구서 위조 혐의 11건, 장부 위조 혐의 12건, 입막음용 돈 지불 수표 발행 혐의 11건)로 기소했다. 트럼프는 이미 의회에서 두 번씩이나 탄핵소추된 전무후무한 기록을 세웠지만, 이번에는 미국 전·현직 대통령 중 형사사건으로 기소돼 법정에 선 최초의 피고인이 되었다.

1776년 미국이 건국되고 240여 년 역사상 초유의 일이다. 검찰의 기소 이후 트럼프에 대한 동정론이 일고 있는 가운데 지지층이 결집하고 지지율이 오르고 후원금이 쇄도하고 있는 것으로 나타났다. 트럼프의 열성 지지자 중에는 "고난주간 예루살렘에 입성한 예수처럼 트럼프도 뉴욕으로 돌아왔다"고 의미를 부여하며 트럼프를 부당하게 박해받는 메시아로 간주했다. 극우 성향의 정치인으로 극우 음모론 '큐어넌'을 신봉하는 마조리 그린(Marjorie T. Greene) 하원의원(공화당)은 "만델라는 체포돼 감옥에서 복역했고, 예수는 로마 정부에 의해 살해됐다. 트럼프는 박해를 당하고 있다"며 트럼프를 남아프리카공화국의 인권과 평화의 상징인 만델라와 로마의 박해를 받고 처형당한 예수로 비유했다.

정치권과 법조계에서는 트럼프가 2024년 대선 때까지 정치탄압이라는 프레임을 이용하고 재판 지연작전을 펴면서 최대한의 정치적 이득을 노릴 것으로 전망하고 있다. 다음 공판은 2023년 12월 4일 열릴 예정이지만, 재판 일정이 2024년 미국 대선과 맞물린 가운데 트럼프가 혐의 내용을 전부 부인하고 있고 재판지 변경을 요구하는 등 재판에 협조를 하지 않는 상황에서 최종 판결까지는 오랜 시간이 걸릴 것으로 예상된다. 자신에게 닥친 위기를 기회로 역이용하는 데 탁월한 능력을 갖춘 데마고그 트럼프는 자신을 기소한 사법부와 반대세력을 공격하는 한편 재판 일정을 최대한 지연시키면서 지지층을 결집하고 외연 확장에 나설 것이다.

2023년 3월 18일, 뉴욕주 맨해튼 지방검찰청 대배심에서 기소 결정을 내리기 전 트럼프는 자신이 운영하는 소셜미디어 '트루스 소셜'을 통해 지지층에게 "공화당의 대선 후보 선두 주자이자 전직 미국 대통령이 곧 체포당할 것이다. 항의하라. 나라를 되찾자"라는 문자를 보냈다. 트럼프가 보낸 문자는 2021년 1월 6일 지지층에게 '의사당 난입 사태'를 선동, 사주한 연설을 연상시킨다. 궁지에 몰릴 때마다 자신의 결백을 주장하고 지지층을 선동하여 그들이 행동하게끔 하는 수법은 트럼프가 사용하는 전가의 보도다. 트럼프는 2023년 4월 4일, 뉴욕주 맨해튼 형사 법원에서 '기소인부절차(arraignment)'를 마친 후의 연설에서 "내가 저지른 유일한 범죄는 우리나라를 파괴하려는 자들로부터 두려움 없이 우리나라를 지킨 것 뿐이다"고 말했다. 트럼프는 그가 전매특허처럼 사용하는 역대급의 반어법과 자아도취적 발언의 극치를 보여주었다.

트럼프를 미국 역대 대통령 중 최초로 법정에 서게 만든 성추문 입막음 혐의에 대해 살펴보자. 2006년 트럼프는 <NBC> 방송 프로그램 '어프렌티스' 진행자로 전국적인 유명인사가 되었는데 포르노 배우 스토미 대니얼스(Stormy Daniels)에게 방송출연을 약속하고 수차례 혼외 성관계를 가졌다. 2011년 대니얼스는 연예지에 트럼프와의 관계를 폭로하려고 했지만 신변 위협을 받아 폭로를 중단했다. 2016년 10월 대통령 선거 직전 대니얼스가 재차 폭로를 시도하자 트럼프는 '입막음용 돈(hush money)'으로 13만 달러(약 1억 7천만 원)를 개인 변호사 마이클 코언(Michael Cohen)의 돈으로 지급했다. 미국법에 따르면 불륜에 대한 입막음 조로 지급된 합의금 자체는 범죄 행위가 아니지만, 트럼프가 코언에게 회삿돈으로 변제하면서 회사 장부에는 '법률 자문 수수료'라고 허위 기재하면서 기업기록위조(business fraud) 범죄혐의를 받게 되었다. 또 다른 문제는 코언이 대니얼스에게 합의금을 줬다면 사실상 트럼프에 대한 정치자금 기부에 해당하고, 이는 정치인에게 2,700달러(약 350만 원) 이상 기부할 경우 의무적으로 신고해야 하는 연방 선거관리자금법을 위반하는 중범죄에 해당한다. 코언은 위증, 탈세, 선거자금 규정 위반에 대해 3년형을 선고받았다.

또한 공소장에는 트럼프가 성인잡지 <플레이보이> 모델 출신 캐런 맥두걸(Karen McDougal)과의 성추문을 입막음하기 위해 잡지 <내셔널 인콰이어리>를 통해 15만 달러를 지급한 혐의도 포함되었다. 이 과정에서 트럼프의 친구이면서 이 잡지의 발행인 데이비드 페커(David J. Pecker)와 변호사 코언이 개입한 것으로 밝혀졌다. 심지어 공소장에는 '트럼프에게 혼외 자식이 있다'고 주장한 뉴욕 트럼프 타워 도어맨에게도 3만 달러(약 4,000만 원)를 줬다는 혐의도 포함됐다. 트럼프는 대선을 앞두고 자신에게 불리한 폭로를 우려하여 잡지사가 기삿거리를 독점적으로 사들이게 하고 이를 공개하지 않는 캐치 앤드 킬(catch and kill) 수법을 사용했다.

코언은 10여 년간 트럼프의 개인 변호사로 충실한 집사 노릇을 했지만 러시아 스캔들 수사 과정에서 특검에 협조하며 트럼프와 결별했다. 코언은 2020년 9월 발간한 《불충한, 회고록: 도널드 트럼프 대통령의 전 개인 변호사 마이클 코언의 진실된 이야기》(Disloyal: A Memoir: The

True Story of the Former Personal Attorney to President Donald J. Trump)이라는 긴 제목의 회고록에서 "트럼프는 러시아가 2016년 대선에 개입하도록 하기 위해 공공연하고 은밀한 시도를 벌였다"고 주장했다. 코언은 트럼프의 대통령 당선이 "국가와 어쩌면 전 세계를 재앙 직전까지 몰고 갔었을 수도 있다"고 한탄하면서, "트럼프가 카리스마를 가진 선견지명이 있는 줄 알았는데, 그가 대통령이 되고자 한 진짜 이유는 대통령의 권력을 원했기 때문이었다"고 회고했다. 트럼프는 그를 쥐새끼라고 부르며 비난했고 코언도 트럼프를 사기꾼, 협잡꾼, 약탈자, 거짓말쟁이, 조직 범죄자, 인종차별주의자라고 불렀다. 트럼프와 코언의 관계는 '달면 삼키고 쓰면 뱉는다'는 감탄고토(甘呑苦吐)의 모범사례다.

최근 트럼프는 성폭행 혐의에 대한 민사소송사건에서 패소했다. 이 소송사건은 트럼프에게 강간(성폭행)을 당했다며 소송을 제기한 E. 진 캐럴(E. Jean Carroll)과 관련된다. 패션 잡지 <엘르>의 칼럼니스트로 활동했던 캐럴은 1990년대 중반 뉴욕의 버그도르프 굿맨 백화점에서 트럼프에게 강간을 당했다고 주장했다. 사건은 시효가 한참 지났지만 뉴욕주에서 시효가 지난 성폭행 피해에 대해서도 민사소송이 가능하도록 한 특별한시법, 즉 성인생존법(Adult Survivors Act)이 시행되면서 캐럴은 소송을 제기할 수 있었다. 캐럴의 주장에 대해 트럼프는 "그 여자는 내 타입이 아니다"라는 말을 했다가 명예훼손 혐의로도 피소됐다.

2023년 5월 9일, 뉴욕주 남부연방지방법원은 트럼프 전 대통령이 성폭력 및 명예훼손 혐의로 캐럴에게 약 500만 달러(약 66억 원)를 배상하라고 판결했다. 배심원단은 트럼프가 27년 전 캐럴에게 성폭력을 휘두르고 이후 그를 거짓말쟁이로 낙인찍어 명예를 훼손했다고 평결하고, 성폭력 혐의와 명예훼손 혐의에 대해 각각 200만 달러와 300만 달러를 배상하라고 평결했다. (배심원단은 트럼프가 캐럴을 성폭행했다는 주장에 대해서는 받아들이지 않았지만 성추행이 있었다고 판단했다.) 법원이 트럼프를 상대로 제기된 성적 비위와 성 범죄 주장 가운데 그의 책임을 인정한 것은 이번이 처음이다. 트럼프는 판결 직후 소셜미디어에 "나는 이 사람이 누구인지 모른다"면서 "역사상 최대 마녀사냥"이라고 주장했다.

셋째, 트럼프에 대한 특별검사(특검) 수사에 관한 이야기다. 본론에 들어가기 전에 미국식 특별검사에 대해 간략하게 살펴보자. 정확한 용어는 '특별검사(Special Prosecutor)'가 아니고 '특별변호사(Special Counsel)'다. 미국에서는 검찰을 지휘하는 권력자와 관련된 의혹은 특별검사를 지정해 수사하는 관행이 정착되어 왔다. 대통령이나 그의 측근 등 고위 공직자들이 관련된 사건이 발생했을 때 대통령이 임명한 법무장관이 수사를 하면 '이해관계 충돌'이 발생하는 만큼 사전에 그 가능성을 차단한다는 것이다. 법무장관의 권한을 특별검사에게 위임해 성역 없는 수사를 할 수 있도록 하자는 게 특별검사제도의 근본 취지다. 특별검사법이 별도로 제정되어 있는 건 아니고, 연방 법무부 장관 결정으로 이뤄져 왔다.8

미국 법무부는 2016년 러시아의 미국 대선개입 해킹 사건 및 트럼프 캠프와 러시아 당국 간의 내통 의혹과 관련, 로버트 뮬러 전 FBI 국장을 특검으로 임명해 수사를 진행했다. 2017년 5월 수사를 시작하여 22개월

8 이재석. (1999). "특별검사제도에 대한 고찰". 사회과학연구 제6집 3호. 409-437.

▌트럼프 타워

만에 400쪽이 넘는 방대한 분량의 '뮬러 보고서(The Mueller Report)'가 공개됐다. 특검팀이 2,800명에게 소환장을 발부했고, 500여 건의 압수수색을 실시했고, 500여 명의 증인을 심문했고, 140만 쪽의 기록을 검토한 결과물이다.

뮬러 특검 임명과 보고서가 발간되기까지 과정을 간략하게 살펴보자. 2016년 대선 당시 러시아가 트럼프 후보의 당선을 돕기 위해 온라인 공작을 벌였다는 의혹이 불거지면서 7월 FBI는 즉각 수사에 착수했다. 트럼프 대통령 취임 이후에도 수사는 계속되었는데 트럼프는 2017년 5월 이 수사를 지휘하던 제임스 코미(James Comey Jr.) 당시 FBI 국장을 돌연 해임했다. 코미 국장이 대통령의 수사 중단 압력을 받았다고 주장하면서 특검 도입의 여론이 고조되었고 트럼프는 사법방해라는 비난을 받

| 서점 진열장에 놓인 뮬러 보고서

게 되었다. 뮬러 특별검사가 임명된 배경이다.

뮬러 특검의 목표는 두 가지로 집약됐다. 첫째는 러시아의 2016년 대선 개입과 트럼프의 사법방해 의혹이었다. 러시아의 대선 개입은 두 가지 방식으로 진행됐다. 하나는 '소셜미디어 캠페인(social media campaign)'이다. 블라디미르 푸틴(Vladimir Putin) 대통령과 절친한 재력가가 인터넷 활동조직(Internet Research Agency, IRA)을 꾸려 트럼프 후보에게 유리한 온라인 공작을 벌였다. IRA는 이미 2014년에 사람들을 미국에 보내 미국의 선거 과정을 조사하고, 미국 사람 및 조직의 명의로 인터넷 계정 등을 확보한 것으로 밝혀졌다. 다른 하나는 러시아 군정보기관(GRU)의 해킹이다. GRU는 힐러리 클린턴 후보에게 타격을 줄 목적으로 민주당 측의 이메일을 해킹하여 익명이나 위키리크스 등을 통해 공개했다. 실제로 이메일 해킹과 공개는 대통령선거 판도에 직접적으로 커다란 영향을 미쳤다. 특검은 IRA와 GRU를 기소했으나, 상징적인 조처일 뿐 사법적 실효를 거두기는 어려웠다.

문제는 트럼프와 그의 캠프가 사전이든 사후든 러시아 측과 공모 또는 협력을 했느냐였다. 트럼프 측 인사들이 러시아 측 인사들과 접촉, 통화 등 석연치 않은 정황이 다수 포착되었다. 더구나 많은 사람이 수사과정에서 특검에 거짓말을 했다. 이로 인해 무려 30여 건이 위증혐의로 기소되었고, 아직도 사법적 절차가 끝나지 않고 있다. 그러나 특검은 러시아 측과의 공모나 협력을 단정할 만한 결정적 증거는 밝혀내지 못했다. 둘째는 트럼프 대통령의 사법 방해 의혹이다. 특검은 트럼프 대통령이 끈질기게 FBI 및 특검의 수사를 저지시키려고 한 정황을 파헤쳤다. 대통령은 자신의 뜻을 거스르고 수사에 의욕을 보이는 코미 FBI 국장을 전격 해임했다. 제프 세션스(Jefferson Sessions) 법무장관이 이해충돌을 내세워 이 사건을 회피하려고 하자 이를 만류했고, 보좌관에게는 특검 해임 검토를 지시했다.[9]

방대한 분량의 뮬러 수사 보고서 내용을 일일이 소개할 필요는 없을 것이다. 트럼프 행정부를 대표하여 윌리엄 바(William Barr) 미국 법무장관은 "특검은 트럼프 선거 캠프가 2016년 대선에 개입한 행위와 관련해 러시아 정부와 공모 또는 협력했는지에 대한 여부를 규명하지 못했다. 트럼프 대선캠프가 대선 당시 러시아와 공모했다는 음모론을 확인하지

---

9 박종선. (2019).《주간조선》. <로버트 뮬러 '뮬러 보고서'>. 6월 6일. 일부 내용을 수정 또는 재인용함.

못했으며 그렇다고 범죄 혐의가 없음을 밝혀내지도 못했다"는 모호한 설명을 내놨다. 다시 말해 특검이 트럼프의 러시아 스캔들 연루 혐의를 입증할 결정적 증거를 찾아내지는 못했지만, 대통령이 혐의에서 완전히 벗어나지 못했다는 의미다. (트럼프 대통령의 충복으로 알려진 윌리엄 바 법무장관은 2020년 대선 결과를 놓고 트럼프의 대선 사기 주장에 동조하지 않았다는 이유 등으로 쫓겨나듯 물러났다.)

뮬러 특검이 활동을 종료한 뒤, 2019년 4월 바(Barr) 법무장관은 존 더럼(John Durham)을 특별검사로 임명해 FBI와 연방정보기관의 결탁 의혹을 밝힐 것을 지시했다. 트럼프는 뮬러 특검이 자신과 러시아와의 공모 혐의를 규명하지 못한 것에 만족하지 않고 FBI와 연방정보기관 간의 결탁으로 자신을 음해하려는 것이 아닌가 하는 강한 의혹을 제기했기 때문이다. 2023년 5월 15일, 더럼 특검은 4년여 기간의 수사 결과를 정리한 보고서를 법무부에 제출했다. 보고서의 요지는 "FBI가 정제되지도, 분석되지도, 검증되지도 않은 채 수집된 첩보에 기반해 수사에 착수했다. 범죄 혐의를 입증할 추가 정보가 결여됐고, 혐의 사실에 반하는 정보를 무시하는 확증편향의 실수를 저질렀다"고 지적했다. 그러나 더럼은 FBI와 연방정보기관이 딥 스테이트와 결탁하여 자신을 부당하게 노리고 있다는 트럼프의 주장을 뒷받침할 증거를 발견하지 못했다는 결론을 내렸다.

2024년 미국 대선에서 더럼 특검 보고서는 트럼프에게 상당한 호재가 될 것으로 보인다. 2019년의 뮬러 특검 보고서가 모호한 결론으로 트럼프의 러시아 스캔들 연루 의혹을 완전히 해소시켜 주지 않은 채 끝났다면, 더럼 특검 보고서는 트럼프의 연루 의혹을 해소시켜 주었을 뿐 아니라 연방수사기관의 러시아 스캔들 수사가 부적절하고 근거도 없는 수사였다는 결론을 내렸기 때문이다. 앞으로 트럼프는 더럼 특검 조사 결과를 통해 그의 아킬레스건이 된 러시아 스캔들 연루 의혹에서 완전히 벗어난 것으로 판단하고 러시아 스캔들 수사를 지시한 오바마 전 대통령은 물론 바이든 대통령과 민주당에 대한 비난 강도를 더 높여 자신이 정치탄압으로 억울한 희생양이 되었다고 주장할 것이다.

그러나 트럼프의 각종 의혹과 혐의에 대한 특검수사는 끝이 보이지 않는다. 바이든 대통령 아래에서도 트럼프 수사를 위한 특검이 활동하고 있다. 2022년 11월 메릭 갈런드(Merrick Garland)[10] 법무부 장관은 잭 스미스(Jack Smith) 특별검사를 임명하여 트럼프의 '1·6 의사당 난입 사

---

10 2016년 2월 13일, 앤터닌 스캘리아(Antonin Scalia) 대법관이 사망하면서 오바마 대통령은 후임 대법관으로 컬럼비아 특별구 항소법원의 갈런드 수석판사를 후임으로 지명했다. 문제는 상원에서 다수당을 차지한 공화당이 임명을 위한 투표는 물론 청문회조차도 거부하는 바람에 임명되지 못했다. 당시 공화당에서는 2016년 대선을 앞둔 상황에서 표면적으로는 오바마 대통령의 후임 대통령이 대법관을 지명하길 원했지만, 정치적으로는 대법원에서 공화당 성향의 보수우위 과반을 유지하려는 전략이었다. 2016년 대선에서 트럼프가 대통령에 당선되고 보수성향의 대법관을 지명하고 상원에서 인준하게 되면서 미국 연방대법원은 공화당 성향으로 과반을 유지할 수 있었다. 이는 미국 정부시스템의 불안정과 정파 중심의 정치적 양극화를 보여주는 사례로 기록되고 있을 뿐 아니라 진보진영에게는 아물지 않은 상처로 남아 있다. <황성연 옮김. (2022). 《우리는 왜 서로를 미워하는가》. 파주 월북: 247-259.> 참조

태'에 따른 내란선동, 의사집행방해, 기밀문서 유출(정부 기록의 불법적 처리) 등에 대해 수사를 진행하고 있다. 특히 트럼프 자택에서 발견된 다수의 기밀문서는 '방첩법(Espionage Act)' 위반에 해당하는 중범죄로 유죄가 인정되면 앞으로 공직을 맡을 수 없다. 방첩법은 미국에 손해가 되거나 외국의 이익을 위해 사용될 수 있는 국방 정보를 수집·전송하는 것은 물론 의도적으로 가지고 있는 것도 금지하고 있다. 트럼프의 방첩법 위반 혐의는 그의 정치적 미래를 좌우할 만큼 파괴력이 강하다. 2022년 12월 의회특별조사위원회에서 '1·6 의사당 난입' 등에 대한 조사 종료와 함께 트럼프에 대한 형사기소를 권장(criminal referral)하면서 스미스 특검의 수사에 한층 탄력이 붙게 되었다.

2023년 6월 8일, 스미스 특별검사는 트럼프 전 대통령의 기밀 문건 유출 사건과 관련해 '방첩법' 위반을 비롯하여 사법 방해, 기록물 훼손 및 위조, 거짓 진술 등 37개 혐의로 트럼프를 기소했다. 기밀 유출 문건에는 미국의 핵무기 관련 내용, 백악관 정보 브리핑, 외국 정부의 군사 활동에 관한 내용, 외국의 군사력 관련 정보, 외국 정상과 소통한 내용, 미국 군사 비상계획 등이 포함됐다. 연방검찰은 또 트럼프가 보관 중인 기밀문서를 반환하라는 국립문서기록관리청(NARA)의 요청에 제대로 응하지 않으면서 오히려 문건 보유 사실을 숨기려 했다고 밝혔다. 스미스 특별검사는 공소장에서 "트럼프가 승인 없이 유출한 기밀문서는 미국의 국가안보, 대외관계, 미군의 안전, 인적자원과 민감한 정보수집 지속 방법 등을 위험에 빠트릴 수 있다"고 지적했다. 연방검찰의 기소에 대한 트럼프의 반응은 예상한 대로다. 트럼프는 "검찰의 기소는 터무니없고 근거가 없는 역사상 가장 끔찍한 권력남용으로 기록될 것이다. 기소는 정치적 동기에서 비롯된 것으로 나의 정적들이 날조를 시작했다. 바이든과 미치광이 급진 좌파가 우리의 대선 출마 움직임을 막고 미국민의 의지를 좌절시키기 위해 잇따라 마녀사냥을 시작했다. 결국 그들은 나를 쫓는 게 아니라 여러분을 쫓는 것이다"라고 하면서 자신의 지지층에게 시위할 것을 촉구했다. 그러면서 "이상한 방식이기는 하지만 이러한 현상을 좀 즐기고 있다. 기소 이후에 여론조사는 급등했고 소액 기부도 기록을 세우고 있다"고 말하기도 했다.

6월 13일, 플로리다주 마이애미 연방법원에 출석한 트럼프는 법원의 기소인부 절차에서 37개의 모든 혐의에 대해 무죄를 주장하면서 소셜 미디어에는 "오늘은 미국 역사상 가장 슬픈 날이며 정치적 마녀사냥이다"라고 썼다. 트럼프 전 대통령은 미국 대통령제가 시행된 이후 두 번의 의회 탄핵소추, 주검찰의 첫 형사기소 및 주법원 첫 출두 그리고 연방검찰의 첫 기소 및 연방법원 첫 출두라는 진기록을 세우고 있지만, 앞으로 그와 연루된 법적 분쟁은 상당 기간 지속될 것으로 전망된다. 공화당의 유력 대선 후보인 트럼프의 법적 분쟁과 맞물린 2024년 미국 대선은 이념 갈등과 진영 대결이 심화되면서 정상적인 선거가 치러질 수 있을 것인가에 대해서도 우려를 낳고 있다.

트럼프가 어떤 인간인가를 알게 되면 트럼프가 저지른 온갖 불법과 범죄 의혹을 이해하게 된다. 코미 전 FBI 국장은 회고록 《더 높은 충성: 진실, 거짓말 그리고 리더십》(*A Higher Loyalty: Truth, Lies, and Leadership*)에서 그가 경험했던 트럼프와의 일화를 폭로했다. '더 높은 충성'은 트럼프가 취임 일주일 뒤 자신을 따로 불러 마피아 두목처럼 충성 맹세를 요구했다는 일화에서 따온 제목이다. 코미가 회고록에서 트럼프에 대해 밝힌 이야기를 나열해본다. "'여성을 고깃덩이(pieces of meat)'로 취급하고 그렇게 말하는 사람, 크고 작은 일들에 대해 거짓말로 일관하면서 미국인들이 그걸 믿는다고 주장하는 사람은 도덕적으로 볼 때 미국 대통령이 되기에 맞지 않는다.", "트럼프는 '타고난 거짓말쟁이', '인간적 감정이 결여된 자아의 노예다. 대안적 사실의 세계를 구축하고 그 속으로 주변 사람들까지 끌어들이는 파괴적 인물이다. 무엇이 진실이고, 무엇이 거짓인지에 대해 아무런 감각이 없었다", "대통령은 도덕적으로 옳지 않고, 진실이나 전통적 가치에는 개의치 않았다. 그의 리더십은 거래와 같고, 독단적이며, 개인적 충성심에 기반을 둔 것이었다." 코미 전 국장이 회고록에서 트럼프에 대해 말했던 내용은, 트럼프 조카 메리가 두 권의 저서 《넘치는데 결코 만족을 모르는》, 《심판》에서 "트럼프는 괴물이며 자기 자신만 생각하는 타고난 파시스트다"라는 폭로와 일치한다.

요행스레 트럼프 전 대통령은 하원에서 미국 대통령으로서는 이례적으로 두 차례 탄핵소추를 당했지만 상원에서 기각되어 정치적 재기 가능성을 열어놓았다. 그것은 상원에서 공화당이 다수를 차지했기 때문에 가능한 일이었다. 그러나 앞으로도 트럼프의 요행(僥倖)이 지속될 수 있을지는 장담할 수 없다. 전직 대통령으로서 그 앞에는 주법원(성추문 혐의)과 연방법원(기밀유출 혐의)에서의 법정 공방 외에도 앞으로도 한두 가지가 아니다. 가족기업의 보험·금융사기, 탈세, 재무기록 위조, 은행대출·세금감면을 위해 자산가치를 조작한 사기 혐의, 헌법상 반부패 조항 위반 혐의 그리고 가족유산 손배소 등 넘어야 할 산이 첩첩으로 놓여 있다. 트럼프는 대통령 재임 중 누렸던 민·형사상 법적 보호를 받지 못하게 되면서 그와 관련된 판도라 상자가 열렸다. 데마고그 트럼프가 자신과 가족을 옥죄는 법적 족쇄를 어떻게 풀 것인가에 대해 주목한다.

공화당의 운명

Demagogue
Trump

공화당의
운명

2022년 11월 8일 치러진 미국 중간선거(midterm elections)는 연방 상원(100명)의 1/3, 연방 하원 전원(435명), 그리고 각 주(state)의 선거 주기에 따라 주지사, 주의회 의원, 교육감 등을 선출하는 선거다. 중간선거는 대통령의 4년 임기 중간에 실시되는 관계로 현직 대통령 및 현 정부에 대한 중간평가의 성격을 지닐 뿐 아니라 선거 결과는 2년 후에 실시될 대통령 선거 결과, 즉 대통령의 재선이나 정권교체 여부를 가늠하는 척도로 이용되기 때문에 많은 관심을 받는다. 중간선거 결과에 따라 연방 의회 권력이 어떻게 재편되는가는 향후 2년간 행정부의 국정운영에 상당한 영향력을 발휘한다.

2022년 중간선거 결과 연방 하원에서는 민주당이 213석, 공화당이 222석을 차지해 공화당이 하원 다수당이 되었고, 연방 상원에서는 민주당이 51석, 공화당이 49석을 차지하여 민주당이 상원 다수당을 차지했다. 연방 상원과 하원 다수당 지위를 민주당과 공화당이 나눠 가지는 '분점정부(Divided Government)'가 형성되었다.1 공화당이 4년 만에 다시 하원을 탈환하고 민주당이 상원을 차지하면서 상·하원에서 양당의 권력이 절묘하게 힘의 균형을 맞추게 되었다.

역대 중간선거는 흔히 '현직 대통령의 무덤'이라고 불릴 정도로 대통령 소속 정당이 패배하는 징크스가 있다. 현직 대통령 소속 정당이 중간선거에서 고전하는 이유는 중간선거가 대통령에 대한 중간평가 성격을 띠고 유권자들이 2년이 지난 후 자신이 선택한 대통령의 통치 행태나 국정 성과 등에 실망해 반대표를 던지면 대통령 소속 정당의 성적은 나쁠 수밖에 없다는 분석이다.2

실제 민주·공화 거대 양당 체제가 구축된 1862년부터 지금까지 치러진 40차례 중간선거 중 무려 37차례나 현직 대통령 소속 당의 의회 의석 수가 줄었다. 1994년 클린턴 대통령 소속 민주당은 하원에서 54석, 2006년 아들 부시 대통령 소속 공화당은 30석, 2010년과 2014년 오바마 대통령 소속 민주당은 각각 63석과 13석, 2018년 트럼프 대통령 소속 공화당은 40석을 잃었다. 역대 중간선거의 결과를 놓고 보면 집권당이 의석수를 잃는 것이 전혀 이상하지 않으며 오히려 얼마나 의석수를 지키고 얼마나 잃느냐에 관심이 컸을 정도였다.

그러나 집권 여당이 항상 패배하는 것만은 아니다. 1934년 프랭클린

---

1 민정훈. (2022). "미국 중간선거 결과 분석 및 전망". 국립외교원 외교안보연 구소 세미나 발표자료. 11월 18일.
2 이장훈. (2022). 《월간중앙》. <美 11월 중간선거, '현직 대통령의 무덤' 징 크스 깨지나>. 9월 17일.

D. 루스벨트(Franklin D. Roosevelt) 대통령, 1998년 빌 클린턴(Bill Clinton) 대통령, 2002년 조지 W. 부시(George W. Bush) 대통령이 재임했을 때는 집권당이 승리하는 이례적인 결과가 나타났다. 이례적인 선거 결과에 대해서는 1934년 대공황 시기 루스벨트 대통령의 뉴딜정책에 대한 지지, 1998년 클린턴 대통령에 대한 하원의 탄핵소추안 발의에 대한 역풍, 2001년 9·11 테러 이후 안보결집 효과 때문으로 분석한다.[3] 역대 중간선거의 결과를 놓고 보면 현직 대통령 소속 정당이 승리할 가능성은 매우 낮으며, 승리하기 위해서는 국내외적으로 매우 특별한 이슈가 있어야 한다는 의미로 받아들여진다.

┃ 미국 민주당(당나귀)과 공화당(코끼리)의 상징물

---

3 황준석. (2022). "2022 미국 중간선거 전망". 한국무역협회 통상지원센터 통상이슈브리프 No. 7. 11월 1일.

2022년 중간선거에서도 바이든 대통령의 무덤이 될 것이라는 예상이 많았다. 유권자의 표심을 가르는 국내외 변수들도 바이든 대통령과 민주당에게 유리한 국면이 아니었다. 국내적으로는 물가상승, 인플레이션, 고금리, 러시아의 우크라이나 침공에 따른 공급망 붕괴 등 경제 문제가 표심을 가르는 핵심 이슈로 부상했으며, 임신중단 권리(낙태), 총기규제, 범죄, 교육, 불법이민, 민주주의 위협 등 복합적인 이슈도 유권자들의 관심사였다. 공화당은 경제상황 악화에 따른 정권심판론을 들고 나왔고 민주당은 2021년 1월 6일 의사당 난입 사태를 상기시키며 민주주의 위기론과 연방대법원의 판결로 폐기된 임신중단 권리를 재확립하기 위해서는 민주당이 의회 권력을 가져야 한다고 주장했다. 중간선거를 앞둔 유권자들의 표심 흐름을 쫓아가보자.

2022년 11월 2일, <CNN>의 여론조사를 보면 양당 지지자들의 열정에서 많은 차이가 났다. 4년 전 민주당 등록 유권자 중 투표 적극층은 44%였지만 2020년 선거에서는 그 비율이 24%에 불과했다. 반면 공화당 지지층의 경우 2020년 38%로 4년 전 43%보다 약간 감소했을 뿐이었다. 하원 선거구에서 "어느 정당 후보에게 투표할 것인가?"는 질문에 공화당은 51%, 민주당은 47%를 얻었다. 유권자들의 가장 큰 관심사는 '경제와 인플레이션'에 쏠렸으며, 그 다음 관심사는 '낙태'였다. 민주당은 선거의 주요 전략으로 낙태권을 붙잡았지만, 오히려 바이든과 인플레이션을 합친 '바이든플레이션(Bidenflation)'이란 신조어를 만들어 경제 실정(失政)을 지적하는 공화당의 선거 전략이 유권자의 관심을 끌었다.4

2022년 11월 6일, <워싱턴포스트>와 <ABC> 방송이 발표한 여론조사 결과에 따르면, "중간선거에서 어느 당에 투표할 것이냐?"는 질문에 응답자들은 공화당에 50%, 민주당에 48%로 투표하겠다고 응답하였다. 어느 당의 우세를 점칠 수 없을 정도로 오차범위 내에서 팽팽한 접전 양상을 보일 것으로 예상됐다. 응답자의 81%는 투표에 영향을 미치는 요인으로 경제를 꼽았다. 다음으로 인플레이션이 71%, 민주주의 위협이 73%, 낙태가 62%를 차지했다. 민주당 소속 바이든 대통령에 대한 지지율은 43%로 부진의 늪을 벗어나지 못했다. <ABC> 방송은 "유권자들의 경제에 대한 불만족과 바이든 대통령에 대한 낮은 지지율로 봐서는 중간선거에서 공화당이 민주당보다 승리할 가능성이 더 높다"고 보도했다.

선거는 뚜껑을 열어봐야 한다고 하던가. 대다수 선거 전문가와 여론조사기관에서는 공화당이 민주당을 누르고 상·하원에서 다수당을 차지할 것이라는 '레드 웨이드(Red Wave)', 즉 공화당의 상징인 붉은색 물결로 채워질 것이라고 예측했지만 빗나갔다. 전문가의 예상과 여론조사결과가 빗나간 이유는 무엇일까? 중간선거 당일 출구 조사 결과에 답이 있다. 에디슨 리서치 조사에 따르면, 하원의원 투표에서 18~29세 유권자의 63%가 민주당을, 35%가 공화당을 선택한 것으로 나타났다. 흑인과 라틴계의 경우 민주당 하원 후보에 투표했다는 응답이 각각 89%와 68%에 달했다. 반면 45~64세는 공화당에 54%, 민주당에 44%에 투표했다는 응답률을 보여 대조를 이뤘다.

---

4 [김희권. (2022). 《주간조선》. <D-5 미 중간선거, 여론조사에서 보이는 공화당의 승기>. 11월 3일.]을 수정, 보완함.

전문가들은 중간선거에서 민주당이 예상 밖으로 선전한 데는 Z세대 (1997년 이후 출생) 유권자들의 역할이 컸다는 분석을 내놓았다. 낙태권 과 기후변화, 학자금 대출 탕감책 등 젊은층 유권자들을 겨냥한 민주당 의 어젠다가 주효했다는 분석이다. 'Z 웨이브'가 '레드 웨이브(공화당 압 승)'를 차단하는 데 일등공신이 된 셈이었다. 하버드대 케네디스쿨 정치 연구소의 여론조사 책임자인 존 볼프(John Volpe)도 "30세 미만 유권자 들이 아니었다면 '레드 웨이브'가 크게 일어났을 것"이라며 "Z세대는 선 거가 자신들의 미래를 좌우할 수 있다는 판단에 따라 투표를 통해 적극 적으로 정치에 참여하고 있는 것"이라고 진단했다.

Z세대 중 특히 여성 표심이 낙태권 이슈와 맞물리면서 승패의 결정적 요인으로 작용했다는 분석도 제기됐다. <ABC> 방송과 <NBC> 방 송 등의 출구조사 결과 중간선거의 최우선 이슈로 전체 유권자의 32%는 인플레이션을, 27%는 낙태를 꼽았다. 반면 18~29세 유권자는 최우선 이슈가 낙태(44%)라고 답했다. 성별 출구조사 결과도 여성이 민주당에 투표한 비율은 53%로 공화당(45%)보다 높았다. 바이든 미 대통령도 낙 태권 이슈와 여성의 적극적인 투표 참여를 민주당 선전의 이유로 꼽았 다. <뉴욕타임스>도 "낙태권이 유권자들에게 매우 중요한 이슈였다는 게 선거 결과로 입증됐다"고 전했다. 지난 6월 미 연방대법원이 헌법상 낙태권을 보장한 1973년 '로 대 웨이드(Roe v. Wade)' 판례를 뒤집은 후 공화당 성향의 주에서는 낙태권 폐지 정책을, 민주당이 우세한 주에서는 옹호 정책을 각각 추진하며 극심한 분열 양상을 보여왔는데 이번 선거에 서 Z세대가 민주당 손을 들어준 게 향후 입법에도 적잖은 영향을 미칠

▌대학등록금 부채 탕감을 요구하는 시위

것이란 분석이다.

학자금 대출 탕감책과 기후변화 이슈도 Z세대 표심이 민주당 쪽으로 기우는 데 한몫했다는 평가도 나온다. <월스트리트저널>이 2022년 11월 3일 공개한 여론조사에서도 18~34세 유권자 중 59%가 바이든 정부의 학자금 대출 탕감책을 지지하는 것으로 나타났다. 전체 국민의 지지율(48%)보다 11% 높은 수치였다.[5]

---

5 학자금 대출 탕감은 바이든 대통령의 대선 공약인데 이 정책의 골자는 연 소득이 125,000달러(약 1억 6,600만 원) 미만인 경우 1만 달러의 학자금 대출 상환을 면제하는 것이다. 저소득층의 경우 최대 2만 달러까지 대출 탕감이 가능하다. 소득 기준은 부부 합산 연 소득 25만 달러 미만이다. 공화당이 주도하는 6개 주와 개인 자격으로 참여한 학생 2명이 "입법 사항인 학자금대출 탕감을 행정명령으로 시행하는 것은 위헌"이라고 주장하며 연방법원에 시행

또한 <워싱턴포스트>에 따르면 젊은 세대를 위한 보수 성향의 환경단체 관계자는 "공화당이 앞으로 기후변화에 대한 구체적인 대책을 내놓지 않을 경우 젊은 유권자들의 지지를 더욱 얻기 어려울 것"이라고 전망했다. 하버드대 정치연구소는 "오늘날 Z세대 투표율은 밀레니얼 세대나 X세대, 베이비붐 세대의 젊은 시절 투표율보다도 높다"며 "Z세대는 지역·인종·배경·성별 등과 무관하게 기성세대와는 확연히 다른 관점에서 세상을 본다는 사실을 선출직 정치인들은 명심해야 할 것"이라고 강조했다.6

대다수 정치분석가에 따르면 2022년 중간선거에서 공화당이 예상을

금지 가처분 신청을 냈고, 연방지방법원과 연방항소법원이 잇달아 가처분 신청을 받아들이면서 현재는 시행이 중단된 상태다. 이 정책을 놓고 찬반 논란이 뜨거운데 이 정책의 혜택을 받을 것으로 예상되는 청년층, 흑인, 히스패닉은 대체로 지지하는 반면 공화당 지지층에선 반대 의견이 우세하다. 특히 야당인 공화당에서는 바이든 대통령을 도덕적 해이를 초래하는 '학자금 사회주의'라고 비판하고 나섰다. 학자금 대출 탕감은 이미 학자금 대출을 갚은 사람들과의 형평성에 위배되고, 대학 교육을 받지 못해 소득이 더 낮은 사람들까지 부담을 떠안게 하는 등 오히려 역차별을 낳는다는 지적도 제기된다. 미국인의 4천 300만 명 이상이 대학 학자금 부채를 갖고 있는데, 1인당 평균 잔액은 약 3만 7천 700달러라고 한다. 2022년 11월 기준 2,600만 명의 미국인이 학자금 대출 탕감을 신청했고 미국 교육부는 이 가운데 1,600만 명의 요청을 승인했다. 현재 연방대법원이 이 사안에 대해 심리 중에 있으며 최종 판결은 2023년 6월에 나올 것으로 예상되는데, 만약 6월에도 결론이 안 난다면 그로부터 60일 뒤에 제도를 재개하기로 했다.

6 미국의 2022년 중간선거 전후 여론조사결과 및 선거결과분석에 관한 내용은 [임선영. (2022). 《중앙SUNDAY》. <'레드 웨이브' 잠재운 'Z 웨이브'…낙태권이 표심 움직였다>. 11월 12일.]을 참고하여 일부 문구를 수정하거나 재인용하였음.

뒤엎고 고전했던 이유 중 하나는 트럼프 전 대통령의 '사법 리스트'를 꼽았다. 트럼프의 사법리스크에 대해서는 '제7장 법적 분쟁'에서 다루었지만, 트럼프의 사법리스크는 한두 가지가 아니다. 정치분석가들에 따르면 민간인 트럼프에게 닥친 민·형사 문제는 네 가지로 요약된다.

첫째, 2023년 6월 연방검찰이 기소한 기밀문건 유출 혐의이다.[7] 둘째, 2021년 1월 6일 의사당 난입 사건의 배후 선동 혐의다. 셋째, 2020년 대선결과에 불복하여 조지아주 대선 결과를 번복하도록 종용한 혐의를 받고 있다. 넷째, 트럼프와 가족이 운영하는 트럼프 그룹이 자산 가치를 조작해 대출이나 세금 납부 과정에서 이익을 얻은 혐의에 대해 수사하고 있다.[8] 여기에 하나를 더 추가하자면 2023년 3월 미국 대통령으로서 최초로 기소된 사건, 즉 성추문 의혹도 트럼프의 앞날에 먹구름이 되고 있다.

지금까지 2022년 미국 중간선거 과정 및 결과뿐 아니라 선거 전문가와 여론조사기관에서 분석한 승패 요인에 대해 살펴보았다. '공화당의 운명'이란 주제를 놓고 중간선거에 대해 장황하게 말하는 것은 선거 결과와 그 결과에 영향을 준 요인들의 총합이 향후 미국 '공화당의 운명'과 긴밀하게 연관되어 있기 때문이다. 이제까지 논의를 종합, 정리해보자.

2022년 11월 중간선거에서 공화당은 민주당에게 회심의 일격을 가할

---

7 기밀 문서 유출과 관련하여 바이든 대통령의 사무실과 사저에서 부통령과 상원의원 시절의 기밀문서가 잇따라 발견됨에 따라 민주당의 트럼프에 대한 공세가 무력화될 수 있고 트럼프 입장에선 특검 조사와는 별도로 여론의 '물타기' 효과를 기대할 수 있을 것이다.

8 정재민. (2022).《사사IN》. <트럼프 대선 출마 서두르게 한 네 가지 사법 리스크>. 12월 15일.

수 있는 절호의 기회를 잡았다. 미국의 역대 중간선거에서 보았던 것처럼 2022년 중간선거 역시 바이든 대통령에 대한 중간평가 성격이 강했고, 미국이 처한 국내외적인 상황이 집권당인 민주당에게 유리한 국면이 아니었기 때문이었다. 그러나 공화당은 중간선거의 핵심 전략 어젠다를 '경제문제'에 주안점을 두었지만 선거 결과 분석에 따르면 이번 선거는 경제문제 말고도 복합적인 변수들이 작용하고 있었음을 알 수 있다.

미국에서 중간선거든 대통령 선거든 경제문제는 유권자들이 우선적으로 관심을 두는 사안이긴 하지만, 이번 중간선거 결과를 판가름하는 선거이슈는 트럼프의 거짓 선동으로 야기시킨 '1·6 의사당 난입 사태'에서 확인된 민주주의 위협, 연방대법원이 1973년 '로 대 웨이드' 판결을 뒤집으면서 일파만파의 논란이 된 낙태 문제, 대통령 퇴임 뒤 민간인 신분으로 형사상, 민사상 법의 보호를 받지 못하는 트럼프의 사법리스크, 그밖에 총기규제, 불법이민, 공교육 문제 등 경제문제 외에도 중요한 어젠다가 넘쳤다.

무엇보다 공화당은 1997년 이후 출생한 Z세대 젊은 유권자들의 표심을 잡을 만한 어젠다 설정에 실패했다. 중간선거에서 Z세대는 낙태권과 학자금 대출 탕감책 그리고 기후변화 등 현재와 미래에 직면할 문제에 대한 정책 대안과 비전을 내놓는 정당을 선택했고, 그들의 선택이 박빙의 선거에서 판세를 결정짓는 캐스팅 보트가 되었다.

앞으로 미국 '공화당의 운명'은 어떨까 될까? 공화당의 운명은 트럼프전 대통령과 그가 대통령으로서 남긴 유산, 즉 미국 우선주의, 인종차별, 백인우월 의식이 혼재된 트럼피즘과 이에 열광하는 지지층과의 관계를 어떻게 설정하느냐에 달려 있다고 생각한다. 현재 미국 공화당에서는 2020년 대선 결과를 신뢰하지 않으면서 트럼프를 맹신하는 트럼프 지지 강성 공화당원(dog whistle) 때문에 골머리를 앓고 있다. 트럼프의 '대담한 거짓말'이 시간이 갈수록 단단하게 고착화되어 가고 있다. 거짓말도 반복해서 듣게 되면 진실로 둔갑하게 된다.

트럼프의 '대담한 거짓말'이 가져온 물결은 시간이 지날수록 쓰나미로 변하고 있다. 2022년 6월 <이코노미스트>에서 실시한 여론조사에 따르면 미국인들 중 40%는 여전히 바이든이 불법으로 대통령에 당선되었고 트럼프가 억울하게 대통령직을 도둑질 당했다고 생각하고 있다. 2022년 1월 조사에서는 69%만이 바이든이 합법적으로 당선되었다고 생각했다. 2022년 8월 27일 <이코노미스트>의 설문조사에 따르면 미국인 중 57%가 10년 내 극심한 정치 양극화로 '내전'이 발생할 수 있다고 내다보았으며, 60%는 향후 몇 년 동안 정치폭력이 증가할 것으로 예견했다.

<ABC> 방송 뉴스진행자 조지 스테파노폴로스(George Stephano-poulos)는 2022년 중간선거에 대해 "미국 역사상 국민의 40%가 2020년 대통령 선거 결과를 믿지 않은 채로 치르는 중간선거는 이번이 처음일 것입니다. 정치인의 말이나 주장 가운데 참과 거짓을 가려내는 건 언론의 역할 중 하나입니다. 언론이 최선을 다해 거짓을 가려내봤자 미국인의 40%는 되려 언론에 가짜뉴스 딱지를 붙이고 적대시하는 상황이 되었습니다. 그럼 우리는 어떻게 해야 하겠습니까? 제가 진행하는 뉴스에서 정한 원칙은 하나입니다. 지난 선거 결과를 인정하지 않는 사람은 제 뉴스에 절대로 출연할 수 없습니다"라고 어려움을 실토했다. 트럼프가 대

선 결과에 불복하면서 퍼트린 '대담한 거짓말'이 가뜩이나 정치 양극화로 진영으로 갈리고 분열된 사회를 회복불가능으로 만들고 있다. "트럼프가 대통령의 이름으로 계속해서 거짓말을 한 결과, 많은 미국인이 그 어느 때보다 진실에 회의적이게 됐다"는 마이클 베슐로스(Michael Beschloss)의 말에 공명하는 이유다.

미국 정치에서 보수주의 입장을 취하는 우익 정당으로서 존재감과 선명성을 뚜렷이 각인시켰던 공화당이 미래 진로를 놓고 갈팡질팡하면서 그 운명을 논하는 처지가 되었다. 공화당이 현재와 같은 운명의 갈림길에 들어선 데에는 트럼프와 그를 지지하는 열성 극우 지지층이 발목을 잡은 측면이 크다고 본다. 이들은 공화당이 지지층의 외연을 확대하는데 결정적인 걸림돌로 작용하고 있다. 극단적인 정치 팬덤화의 부작용이 공화당에게 부메랑이 되어 돌아왔다. 공화당이 고르디우스의 매듭을 자르는 듯 트럼프와 그의 지지세력과 결별하면 문제는 해결되지 않을까? 미국 정치 현실은 그렇게 하는 것이 결코 쉽지 않다는 것을 증명한다. 이들은 결집력과 행동력이 강해 경선 결과에 커다란 영향력을 발휘할 수 있는 막강한 힘을 갖고 있다. 트럼프도 중간선거를 앞두고 공화당 경선 과정에서부터 자신의 구미에 맞는 후보들에 대한 지지 의사를 밝히면서 직간접적으로 후원했다. 트럼프에 맞선 후보들은 그의 트윗 저격 한방에 줄줄이 낙마했다.

2022년 중간선거 공화당 경선에서 리즈 체니(Riz Cheney) 하원의원은 트럼프와 척을 지고 탄핵에 찬성한 대가를 치루었다. 당내에서 트럼프가 지지한 해리엇 헤이지만(Harriet Hageman) 후보에게 완패했다. 5선의 톰

라이스(Tom Rice) 하원의원이 트럼프의 지지를 받은 러셀 프라이(Russell Fry) 전 주 하원의원에게 패배했다. 득표율 51% 대 25%의 참패였다. 라이스 의원 역시 트럼프 탄핵소추안에 찬성표를 던진 공화당 의원 중 한 명이었다. 트럼프와 그의 강성 지지자들이 처참하게 복수했다. 반란표를 던진 10명 중 애덤 킨징어(Adam Kinzinger), 존 캇코(John Katko), 프레드 업턴(Fred Upton), 앤서니 곤살레스(Anthony Gonzalez) 등 하원의원 4명은 아예 경선에 뛰어들지도 않았다. (2021년 1월 13일, 민주당 주도의 2차 트럼프 탄핵소추안을 가결할 때 197명의 공화당 하원의원 중 10명이 트럼프에게 반기를 들었고 그때 트럼프는 그들에게 복수를 경고했다.)

이러다 보니 2022년 중간선거에서 공화당 출마자의 기본자격은 트럼프에게 우호적인 인사로 트럼프의 추천을 받았거나 2020년 대선이 사기라는 트럼프의 주장에 찬성해야 했다. 공화당이 '트럼프당'으로 탈바꿈되었다. <워싱턴포스트>는 2022년 11월 8일자 기사에서 "이번 중간선거에 연방 상·하원 및 각 주(州)의 주요 공직에 출마한 공화당원 중 약 300명이 2020년 대선이 사기라는 트럼프 주장에 동조하는 '선거 부정론자'들이다. 이들 출마자 중 160여 명이 당선됐다"고 보도했다. 이들 '트럼프 키즈'들은 공화당의 극우 강경파로 미국 정치권에서 트럼프를 주군(主君)으로 떠받들고 그의 목소리를 대변하는 역할을 할 것으로 보인다. 공화당은 2022년 중간선거에서 하원 다수당 지위를 민주당으로부터 빼앗게 되면 2020년 대선에 관한 집중 조사 활동을 벌이겠다고 다짐했다.

트럼프 키즈들이 모두 당선에 성공한 것은 아니었다. 이번 중간선거에서 미국 유권자 중에는 "경제도 문제지만 민주주의가 없으면 무슨 소용

이겠느냐. 민주주의가 있어야 경제도 살아난다"고 주장하면서 트럼프와 그가 지원한 후보들을 극단주의라고 비난했다. '1·6 의사당 난입 사태' 이후 민주당에서 선거전략 어젠다로 설정한 '민주주의 위협' 이슈도 유권자 표심을 결정지었다는 증거였다.

미국 정치전문 일간지 <폴리티코>는 "2022년 11월 8일 중간선거에서 트럼프가 지지했던 공화당 후보들이 다른 후보에 비해 저조한 성적을 거두며 오히려 당에 부담을 준 것으로 드러났다. 트럼프의 개입이 없었다면 공화당이 오히려 더 좋은 성적표를 받을 수도 있었을 것이다. 상원에서 다수당을 결정할 경합주였던 조지아주에서 트럼프가 적극 지지했던 허설 워커(Herschel Walker) 공화당 후보는 라파엘 워녹(Raphael Warnock) 현 민주당 상원의원과 결선투표에서 패배했다. 뉴햄프셔 상원 선거에서 트럼프의 2020년 대선 사기 주장을 지지한 공화당의 돈 볼두크(Don Bolduc) 후보가 큰 표차로 고배를 마셨다. 반면 뉴햄프셔 주지사 선거에서 공화당 소속이지만 트럼프의 대선 사기 주장을 '미친 소리'라고 일축한 크리스 스누누(Chris Sununu) 주지사는 재선에 성공했다"고 보도했다.

트럼프는 중간선거 승리로 상·하원을 장악하고 그 여세를 몰아 2024년 대선출마를 선언하려는 계획이었던 것 같지만 뜻대로 되지 않았다. 미국 언론들은 개표 결과를 놓고 트럼프가 적극 지지했던 후보들이 기대에 못 미치는 성적을 거뒀다면서 그가 적지 않은 타격을 입게 됐다고 평가했다. 공화당 일각에서는 트럼프 때문에 중간선거에서 예상만큼 성적을 거두지 못했다며 '트럼프 책임론'까지 제기되고 있는 분위기다. 그러나 공화당에서 내놓고 트럼프를 비판하거나 그와 맞서는 것은 스스로 정치적 자살행위를 하는 것이나 마찬가지라고 생각하고 있다. 공화당원들은 공화당이 점점 '트럼프당'이 되어가고 있고 극우 강경노선을 걷고 있다는 것을 인지하면서도 트럼프와 그 지지층과의 관계를 정리하지 못하는 어정쩡한 상태다. 트럼프와 그의 강성 지지자들에 대한 두려움이 깔려 있다.

미국 정치권에서 트럼프의 죽음을 바라는 공화당 사람들이 많다는 우울한 농담도 들린다. 공화당 소속으로 트럼프 탄핵에 찬성표를 던졌던 피터 메이어(Peter Meijer) 전 하원의원은 2013년 1월 30일 <애틀랜틱>과의 인터뷰에서 "나는 트럼프의 죽음을 바라는 많은 공화당원이 있다고 분명히 말할 수 있다"고 주장했다. 인터뷰를 진행했던 맥케이 커핀스(McKay Coppins) 기자는 "공화당 내에서는 2024년 대선을 앞두고 '트럼프가 죽는 마법 같은 일'이 일어나기를 기다리고 있다"고 평했다. 2024년 대선 전에 트럼프의 죽음을 기대하는 이유는 "그가 76세에 과체중이고 햄버거 등 육류와 콜라를 즐기며, 많은 과학적 근거를 무시하고 운동이 건강에 좋지 않다고 믿는다"는 것이다. (그러나 "트럼프의 어머니는 88세, 그의 아버지는 93세에 사망했다"는 사실을 상기하면 이 전략도 기대일 뿐이다.) 또 일부 공화당 사람들은 트럼프가 탈세, 성폭력, 기밀문서 유출 등 여러 가지 법적인 문제 때문에 출마를 할 수 없는 상황이 오기를 기대하고 있다고 한다.

공화당 지도부가 트럼프가 사라지기를 기대하는 것은 트럼프의 극렬 지지자들의 존재 때문이다. 트럼프를 맹신하는 지지자들은 2020년 대선에서 트럼프가 이겼는데 바이든이 승리를 도둑질했다고 믿고 있으며, 2024년 대선에서 트럼프가 이길 것이라고 믿고 있다. 그들은 트럼피즘의 '숙주(宿主)' 트럼프가 퍼뜨린 바이러스에 전염된 트럼프의 열성 지지층이다. 공화당에서 트럼프의 죽음을 기대할 정도의 농담(?)이 회자되는 것은 트럼프와 그를 지지하는 열성 공화당원들에 대한 공화당의 절망과 두려움을 우회적으로 표현한 말일 것이다.

공화당은 2024년 대선에서도 트럼프가 공화당 후보가 된다면 민주당 후보를 이길 수 있을까 하는 회의(懷疑)가 팽배해 있다. 현재 공화당 분위기와 트럼트 키즈의 대거 입성으로 볼 때는 트럼프가 다시 대선후보가 되지 말라는 법도 없다. 오히려 2023년 3월 뉴욕주 맨해튼 대배심의 형사 기소 이후에 트럼프 지지층의 결속력이 강해지고 지지율이 상승하면서 정치적 입지가 강화되고 있다. 트럼프는 마치 '테플론 대통령(Teflon President)'이 된 것 같다. 테플론은 먼지 같은 이물질이 붙지 않는 특수 섬유 상표를 의미하는데, 트럼프는 연루된 많은 범죄 혐의에도 불구하고 정치적으로 상처를 입지 않기 때문이다. 이런 기세라면 트럼프가 공화당 대선 후보로 결정될 가능성이 매우 높은 것으로 전망된다.

그러나 2016년 대선에서 트럼프가 깜짝 후보로 등장했던 때하고 2024년 대선 후보 트럼프는 엄청난 차이가 난다는 것이다. 미국인들은 트럼프가 근거 없는 선동으로 미국 민주주의를 위협에 빠트리고 있다는 것을 알게 되었기 때문이다. 공화당에서는 트럼프가 2016년 대선에서 정치아웃사이더로 워싱턴의 기득권층(establishment)을 비판하면서 혜성처럼 등장했던 때의 대중의 환호와 지지를 2024년 대선에서는 기대하기 어렵다는 것을 안다. 트럼프 자신이 이미 기득권층의 괴물이 되었기 때문이다.

2024년 대선을 앞두고 공화당의 운명은 어떻게 결정지어질 것인가? 공화당이 2024년 대권도전을 발표한 트럼프와 그의 지지자들에게 계속 끌려다니며 팬덤정치의 막장 드라마를 연출할 것인가, 아니면 트럼프와 손절하고 스스로 인적쇄신을 하며 보수정치의 정도(正道)를 다시 찾아갈 것인가? 공화당의 향후 운명에 중요한 영향을 미칠 세 가지를 생각해볼 필요가 있다.

첫째, 2024년 대선에서 트럼프 후보로는 승리를 장담하기 어렵다는 공화당내 위기감의 팽배다. 2022년 11월 14일, <뉴욕타임스>에 따르면 "당내 중도파 그룹인 '공화당주류연합(Republican Main Street Partnership)' 사라 챔벌레인(Sarah Chamberlain) 의장은 트럼프와 관련해 정치적 결정을 해야 할 때라고 반기를 들었다. 마이크 롤러(Mike Lawler) 하원의원도 2024년에는 공화당이 트럼프와 다른 방향으로 움직여야 한다며 인적 쇄신을 요구하고 나섰다"고 전했다. 공화당내의 위기감이 얼마나 컸을 때 변화를 위한 행동으로 이어질지는 모르지만, 팽배한 위기감은 운명을 바꿀 출발점이 될 수 있다.

둘째, 2022년 중간선거에서 기대만큼의 성적을 올리지 못한 트럼프에 대한 당내 반발과 함께 새로운 대안 인물을 찾는 변화가 일고 있다. 군중심리에 민감한 정치권의 동물적 본능이다. 하버드대 '미국정치연구소(CAPS)'와 여론조사기관 <해리스폴>은 2023년 1월 21일 공화당 등록 유권자를 상대로 조사한 결과를 공개했다. 조사결과에 따르면 트럼프를 2024년 대선 후보로 지지한다는 응답자는 48%였고, 론 디샌티스(Ron

DeSantis) 플로리다 주지사를 지지한다는 응답자는 28%였다. 2023년 2월 6일, 의회전문매체 더힐(The Hill)에 따르면 디샌티스 주지사는 보수성향 경제단체인 '성장행동클럽(Club for Growth Action)'이 실시한 가상 양자대결에서 9% 차이로 트럼프를 앞선 것으로 나타났다. 공화당 대선 출마를 선언한 트럼프가 공화당원과 보수성향 미국인들의 강력한 대선후보지만, 디샌티스 주지사는 트럼프를 대체할 인물로 두각을 나타내고 있는 것으로 보인다. 트럼프는 넘어야 할 사법리스크가 워낙 막중해 언제든 공직출마를 포기해야 하는 시한폭탄을 지니고 있다는 점에서 디샌티스 주지사의 부상에 주목하는 이유이다.

셋째, 공화당의 운명은 공화당원도 민주당원도 아닌 중도층의 향배에 달려있다. 2022년 중간선거에서도 당락을 가른 결정적 요인은 중도층의 표심이었다는 것이 드러났다. 무당파를 포함한 중도층은 팬덤화된 정치적 선동이나 극단주의를 조장하는 정당이나 후보에게 표를 주지 않는다. 2022년 11월 중간선거에서도 중도층은 이념보다는 먹고사는 민생문제를 잘 해결할 후보에게 투표했다.

퓨리서치센터가 중간선거 직후 11월 10일부터 16일까지 성인 5,098명을 대상으로 조사한 결과에 따르면, 미국 유권자들이 생각하는 현안별 중요도는 경제(79%), 민주주의 미래(70%), 교육(64%), 건강복지(63%), 강력범죄(61%), 에너지정책(61%), 선거정책(58%), 총기규제(57%), 낙태(56%), 연방대법관 지명(55%) 순으로 나타났다. 미국의 많은 유권자는 경제가 민주주의를 견인하고 민주주의가 경제를 돌아가게 한다는 가치체계를 가지고 있다. 공화당이 보수주의 색깔을 유지하면서 민생문제 해결을 우선하는 정책보다는 트럼프의 여론몰이식으로 선동하는 선거전략을 유지하게 되면 중도층의 외연 확대 효과를 장담할 수 없을 것이다.

트럼프가 2024년 대선출마를 선언하였고 대선이 코앞으로 다가온 현재 공화당이 미래 운명을 결정할 시간이 얼마 남지 않았다. 트럼프가 2024년 공화당 대선후보로 결정되는 순간 (지금도 극우 강경 지지층이 팬덤화되었는데) 지지층의 쏠림현상이 가속화되게 되면, 트럼프가 안고 있는 사법리스크조차 정치 이슈로 전환되면서 법과 원칙의 잣대를 들이댈 수 없을지도 모른다.

2024년 대선은 미국 공화당이 추구하는 보수주의 정체성과 선명성을 되찾을 수 있는 기회이면서 위기다. '정치는 생물이다'는 말이 있다. 상황이 언제든 바뀔 수 있기 때문에 단정하기 어렵다는 뜻이다. 그래서 공화당의 운명을 전망하는 것은 더더욱 어려운 일일지 모른다. 미국 공화당이 세 가지 장애물을 어떻게 뛰어넘을 것인지 지켜보는 것은 곧 미국 민주주의의 미래를 지켜보는 것이 될 것이다.

2024년
대선의 향배

Demagogue
Trump

제9장

2024년
대선의 향배

    2024년 11월 5일 치러질 미국 대통령 선거는 미국의 60번째 대통령 선거이고 제47대 대통령을 선출하거나 제46대 대통령 조 바이든이 재선될 수 있는 선거이다. 미국은 1860년대 이후 공화·민주 양당체제로 대통령 선거를 치러왔는데[1] 2024년 대선 역시 양당 구도에서 선거를 치른다고 가정하고 대선의 향배를 생각해보기로 하자.

---

1 1992년 대선에서 로스 페로(Ross Perot)는 무소속으로 출마하여 공화당의 조지 H. W. 부시(George H. W. Bush) 당시 대통령과 민주당 빌 클린턴(Bill Clinton) 후보 사이에서 18.9%를 득표하며 '무소속 돌풍'을 일으켰다. 보수 진영에선 페로가 공화당 지지표를 잠식하면서 부시의 재선을 막고 클린턴 후보의 당선을 도왔다는 비판이 나왔다. 당시 클린턴 후보는 43% 득표율로 38%를 얻은 부시 대통령을 꺾었다. <워싱턴포스트>는 "로스 페로가 득표한 약 19%는 1912년 진보당으로 출마한 시어도어 루스벨트(Theodore Roosevelt)가 27.4%를 득표한 이후 무소속 또는 제3의 후보로서 최고 득표율"이라고 전했다.

2024년 대선 레이스는 야당인 공화당에서 먼저 치고 나왔다. 2022년 11월 15일, 공화당의 트럼프 전 대통령이 대선 출마를 공식 발표하면서 2024년 대선에 시동을 걸었다. 트럼프는 2016년과 2020년에 이어 3번째 대권 도전에 나섰다. 미국 역사상 재선 도전에 실패했던 대통령이 다시 출마하여 당선된 사례는 단 한 차례뿐이었다. 제24대 대통령 그로버 클리블랜드(Grover Cleveland) 전 대통령이다. 클리블랜드는 1885년부터 1889년까지 제22대 대통령으로 재임한 뒤 재선에 실패했지만, 다시 대통령 선거에 출마해 당선됐다. 재선 도전에 실패했던 대통령이 재출마하는 것도 어렵지만 출마하여 당선되는 것은 더 어렵다는 방증이다.

트럼프는 대선 출마 연설에서 "우리나라는 쇠퇴하고 있다. 이렇게 되어야만 하는 것이 아님을 선언하기 위해 우리는 오늘 밤 모였다. '미국을 다시 한번 위대하고 영광스럽게 만들기 위해' 미국 대통령 선거에 후보로 출마한다"는 출마의 변을 밝혔다. 그의 재임 기간에 중국과 러시아, 이란 등이 미국을 존경했고, 특히 "나를 존경했다"고 강조했다. 트럼프는 "자신과 김정은 북한 국무위원장이 정상회담을 한 뒤에는 북한이 단 한발의 장거리 미사일도 발사한 적이 없다면서, 그것은 좋은 일이었다"고 말했다. 트럼프는 2016년 대선 당시 사용했던 '미국을 다시 위대하게'[2]라는 슬로건을 반복하면서도 그것의 구체적인 비전에 대해서는 설명하지 않았다. 항상 그렇듯 트럼프는 두리뭉실한 말을 비전으로 포장하여 '도그

---

2 트럼프가 2016년 대선 선거구호로 사용한 "미국을 다시 위대하게(Make America Great Again)"는 1980년 미국 대선에서 공화당 로널드 레이건 후보가 사용한 캐치프레이즈다.

휘슬' 지지층에게 코드화된 메시지를 전달하는 데 탁월한 능력을 가지고
있다(트럼프의 대선출마 연설은 부록 참조).

▌트럼프의 2024년 대선출마 발표 후 등장한 "다시 미국을 구하라" 깃발

 사실 트럼프에게는 더 화려하고 더 큰 관심을 받으면서 대선출마 선언
을 할 계획이 있었을 것이다. 2022년 중간선거에서 그의 계획대로 하원
에서 압승을 거두고 상원마저 장악했다면 그의 대선출마는 공화당의 상
징인 '붉은 파도(Red Wave)'를 타고 훨씬 더 많은 대중의 관심을 끌었을
지도 모른다. 그러나 중간선거에서 공화당은 하원에서 근소한 차이로 다
수당을 차지했지만, 상원에서는 소수당으로 남게 되었다. 예상보다 저조
한 성적표를 받은 공화당에서는 트럼프에게 선거결과에 대한 책임을 묻
는 분위기도 엿볼 수 있다. 트럼프가 끼어들지 않았다면 승리할 가능성

이 높은 지역구에서 트럼프가 자신의 구미에 맞는 후보들을 꽂아 넣으면서 선거결과를 망쳤다는 불만도 나오고 있다.

트럼프의 대선 출마가 기정사실화되면서 공화당의 속내도 복잡한 기류가 감지된다. 트럼프는 각종 비리와 부정부패 심지어는 내란선동 혐의로 조사 또는 수사를 받고 있어 사법리스크를 떠안고 있기 때문이다. 실제 2023년 3월 30일, 트럼프는 2016년 대선을 앞두고 성추문 입막음을 위해 돈을 준 의혹 등 무려 34개 혐의로 뉴욕주 맨해튼 지방검찰청 대배심으로부터 기소된 데 이어 4월 4일에는 맨해튼 형사법원에서 기소인부(認否) 절차를 밟기 위해 피고인으로서 법정에 출두하는 불명예를 얻었다. 2023년 6월 8일, 이번에는 연방검찰이 트럼프를 국가 기밀 문건 유출 혐의로 기소했다. 검찰이나 특별검사가 트럼프의 혐의에 대해 진행하고 있는 수사는 크게 네다섯 가지로 볼 수 있는데, 주검찰과 연방검찰이 기소한 바 있는 '성추문 의혹 및 그 의혹을 입막음하기 위해 기업 회계장부를 조작한 혐의'와 '기밀문서 불법 유출 혐의' 외에도 '2020년 대선에서 조지아주 개표 개입 의혹'과 '2021년 1·6 의사당 난입 선동 의혹' 등이다. (미국 헌법에는 기소되거나 형을 복역 중인 죄수의 대선 출마나 대통령 취임을 금지하지 않는다. 그러나 수정헌법 제14조에 따르면 트럼프가 폭동(insurrection)이나 반란(rebellion)에 가담했다거나 미국 헌법을 위협하는 적에게 도움을 줬다는 최종 판결을 받는다면 대통령직을 맡을 수 없다.)

그렇다고 공화당 지도부에서도 공식적으로 트럼프와 결별을 선언할 수도 없다. 트럼프를 종교 교주 떠받들 듯하는 강성 지지층을 무시할 수 없기 때문이다. 당이 이러지도 저러지도 못하는 사이 2024년 8월 공화당 경선에서 트럼프가 대선 후보로 결정된다면 공화당은 트럼프와 그 지지 세력에 끌려갈 수밖에 없을 것이다. 사법부에서도 공당(公黨)의 대통령 후보를 사법처리하는 것은 쉽지 않을 것이며, 이는 공화당과 바이든 행정부의 정치적 부담이 될 것이다.

공화당에도 트럼프 외에 대통령 후보군이 없는 것은 아니다. 2020년 중간선거를 거치며 가장 떠오르는 인물은 론 디샌티스 플로리다 주지사다. 디샌티스 주지사는 중간선거에서 연임에 성공하면서 공화당 대선 후보로 급부상하였다. 트럼프를 대체할 가능성이 가장 높은 인물로 보고 있다. 2022년 11월 트럼프가 대선 출마 선언 이후 실시된 여론조사에 따르면, 공화당 후보 경선에서 트럼프가 선두주자인 것은 확실하지만 디샌티스 주지사와의 일전은 불가피할 것으로 보인다. 분명한 것은 트럼프가 지는 해라면 디샌티스 주지사는 차세대 공화당 지도자로 떠오르는 해라고 할 수 있다.

<뉴욕타임스> 2022년 7월 12일자 보도에 따르면, "트럼프가 공화당의 대선 후보가 되면 공화당원의 16%는 바이든이나 제3당 후보에게 투표하거나 투표에 불참하겠다고 답했다. 민주당원의 경우 바이든이 트럼프와 다시 붙게 되면 8%만이 바이든을 찍지 않겠다고 답한 것과 대비된다"고 분석했다. 2020년 대선에서는 공화당원의 9%가 트럼프를 찍지 않았으며, 민주당원의 4%가 바이든을 찍지 않았다. 공화당원들은 워싱턴의 기득권층이 되어버린 트럼프보다는 젊고 신선하고 미래지향적인 정치인을 요구하고 있다는 증거이다.

디샌티스도 지난 선거에서 트럼프 지지를 내걸고 신승하며 대표적인

'트럼프의 키즈'로 주목받았다. 이후 트럼프와 다른 모습을 보이며 실용적인 정책 집행력으로 공화당의 보수적 가치를 정책으로 구현했다는 평가를 받았다. 디샌티스는 코로나19 사태에 직면하여 개인의 자유를 내세우며, 영업 제한, 마스크 착용, 백신 접종 등 일상 활동을 제한하는 조처를 거부했다. 이런 자유방임적 조처로 플로리다에서는 코로나19로 8만 2천여 명이 사망했다. 플로리다에선 정상적인 일상 활동이 가능해 개인의 자유와 선택을 주장하는 사람들이나 개인 사업자들에게 호평을 받았다. 그는 보수적 가치를 주장하고, 이를 정책으로 실행하는 언행일치를 실천했다. 학교에서 성 정체성 교육 금지, 임신 15주 이상이면 성폭행 등과 상관없이 임신중지 금지, 총기 소유 완화, 민주당 주지사가 있는 주로 불법이주자 호송 등의 정책으로 전국적인 주목을 끌었다. 그는 더이상 '트럼

| 트럼프 키즈에서 트럼프의 대항마로 부상한 디샌티스

프 키즈'가 아니라 2024년 공화당의 강력한 대선 후보로 발돋움했다.

디샌티스 외에 마이크 펜스(Mike Pence) 전 부통령도 공화당의 대선 후보로 출마를 선언했다. 펜스는 2021년 1월 6일 의사당 난입 사태 이후 트럼프와 갈라선 다음 독자적인 길을 걸으며 지지 반경을 넓혀나가고 있다.3 니키 헤일리(Nikki Haley) 전 유엔주재 미국 대사도 대권 출사표를 던졌다. 헤일리는 2017년 1월부터 2018년 말까지 트럼프 행정부에서 주 유엔대사를 지내면서 유엔 안전보장이사회의 대북 제재 결의안 채택을 주도하는 등 미국과 국제사회의 대북 제재를 이끈 대북 강경파로 꼽힌다. 또한 공화당 내 유일한 흑인 연방 상원의원인 팀 스콧(Tim Scott), 애사 허친슨(Asa Hutchinson) 전 아칸소주지사, 기업가 출신의 비벡 라마스와미(Vivek Ramaswamy)가 2024년 대선 경선에 뛰어든 상태다.

민주당에서는 바이든 현 대통령이 재선 출마를 발표했다(바이든의 대선 출마 연설은 부록 참조). 역대 대통령 선거에서 현직 대통령이 재선에 출마할 때의 프리미엄을 무시할 수 없다. 미국 역대 대통령 중 4년 단임으

---

3 2023년 4월 27일, 펜스는 특검 대배심에 증인으로 출석해 트럼프 전 대통령과 그의 지지자들이 2020년 11월 대선 결과를 뒤집으려고 한 사건에 대해 진술했다. 당시 트럼프는 펜스에게 대선 결과를 뒤집으라고 압박했고, 펜스가 이를 거부하면서 둘의 관계가 악화됐다. 2024년 대선 출마를 선언한 펜스 입장에서는 공화당과 트럼프 지지층의 반발을 뻔히 예상하면서도 법원의 명령으로 증언할 수밖에 없는 상황이 안타까울 것이다. 펜스의 증언은 그 어떤 증인보다 중량감이 있고 특검이 트럼프의 범죄 혐의를 밝히는 데 상당한 도움을 줄 것이며, 패배로 증명된 선거결과를 온갖 수단, 방법을 동원하여 뒤집으려고 안달했던 트럼프의 민낯을 고스란히 보게 된다.

로 임기를 끝낸 사례는 많지 않다. 1900년대부터 현재까지 트럼프 전 대통령처럼 재선에 실패해 단임으로 끝난 경우는 조지 H. W. 부시(아버지 부시), 지미 카터(Jimmy Carter), 제럴드 포드(Gerald Ford), 허버트 후버(Herbert Hoover), 윌리엄 태프트(William Taft) 등 6명에 불과했다. 이들이 재선하지 못한 주된 이유는 재임 시절 경제정책의 실패에 있었다.

민주당 내에서 가장 강력한 대선후보는 바이든 현 대통령임을 부인할 수 없다. 바이든이 재선에 성공하기 위해서는 몇 가지 뛰어넘어야 할 중요한 문제들이 있다. 우선, 바이든의 나이와 건강문제다. 2024년 대선에서 바이든의 나이는 82세다. 역대 대통령 후보자 중 최고령이다. 1984년 미국 대통령 선거에서 당시 73세의 로널드 레이건(Ronald Reagan) 후보(공화당)는 민주당의 월터 먼데일(Walter Mondale)와 경합을 벌이면서 고령이라는 지적을 자주 받았다. 대선 토론에서 사회자가 너무 고령이라 직무수행에 문제가 있지 않겠느냐는 질문에 "전 나이를 가지고 문제를 삼지 않을 것을 이 자리에서 약속드립니다. 상대 후보가 너무 젊고 경험이 부족하다는 걸 절대 정치적으로 공격하지 않겠습니다"고 재치있게 받아쳤다. 재치있는 유머 덕분에 더이상 나이 문제는 이슈가 되지 않았을 뿐더러 오히려 레이건의 경륜을 강조하는 일석이조의 효과를 거뒀다. 미국 대선에서 70대 초반의 후보자에게도 고령이라며 태클을 걸었는데, 82세 바이든의 나이 문제에 대해 얼마나 쟁점화할지 모를 일이다.

역대 대통령 경선 후보로는 최고령자인 바이든의 재선 출마에 대해 민주당 내에서도 보는 시선이 곱지만은 않다. 민주당 지지자들이 걱정하는 건 그의 나이와 건강 문제다. 실제, 야당에서는 현직 최고령 대통령인 바

┃ 2020년 대선 당시 트럼프와 바이든 TV 토론 캐리커처

이든이 연설 직후 허공에 악수를 청하는 모습이 포착되면서 치매 의혹을 제기하고 있는가 하면 공식 석상에서 잦은 말실수를 놓고 건강 문제를 지적하고 있다.

2023년 2월 15일, 2024년 공화당 대선 후보 경선에 출마한 헤일리 전 유엔주재 미국대사는 언론과의 인터뷰에서 "75세가 넘는 정치인은 의무적으로 정신 능력 감정을 받아야 한다"면서 고령의 바이든과 트럼프에게 직격탄을 날렸다. 상대적으로 젊은 후보가 고령의 후보들에게 2024년 미국 대선에서 나이를 중요한 이슈로 삼을 것이란 선전포고를 하면서 바이든과 트럼프는 세대교체(generational change) 대상이라고 주장했다.

둘째, 미국 경제문제다. 앞에서 기술한 것처럼 현직 대통령이 재선에 실패한 주된 이유는 경제문제였다. 우리는 1992년 대선에서 클린턴 후보가 아버지 부시 대통령을 상대로 내건 선거캠페인 "바보야! 문제는 경제야(It's the economy, stupid!)"로 대권을 거머쥐었음을 기억한다.4 현직 대통령이 경제문제를 해결하지 못하고서는 현직 프리미엄을 이용하더라도 재선에 성공하지 못할 가능성이 매우 높다. 2024년 대선 경주가 시작될 때의 미국 경제에 대해서는 섣부른 판단을 내리기 어렵지만, 현재 전문가들은 미국 경제는 부정적인 측면이 더 많은 것으로 전망하고 있다.

2023년 4월 19일, <CNBC> 방송에서 공개한 여론조사 결과에 따르면 미국인들 중 69%는 현재 경제 상황과 향후 1년간 경제 전망을 부정적으로 생각했는데, 이는 여론조사를 실시한 17년 중 가장 높게 나타났다. 응답자 중 62%는 바이든 대통령의 경제 정책을 지지하지 않는다고 답했고, 34%는 지지한다고 답했다. 응답자 중 57%는 2024년에 미국에서 경기침체가 발생할 것이라고 예측했고 9%는 미국이 이미 경기침체에 진입했다고 답했다. 특히 러시아와 우크라이나 전쟁에 따른 글로벌 공급망 위축과 같은 국제적인 변수 외에도 물가폭등과 꺾이지 않는 인플레이션 등으로 미국 국민들이 경제적 고통을 호소하고 있는 한 바이든이 험난한 장벽을 뛰어넘고 재선에 성공하기란 쉽지 않을 것이다.

셋째, 바이든의 부통령 시절 기밀문서 유출이다. 바이든은 오마바 행정부의 부통령 시절 다뤘던 기밀문서들이 개인 사무실과 사저 등 개인 공간에서 잇따라 발견되면서 논란의 중심에 있다. 기밀 문건은 2022년

---

4 1992년 미국 대선에서 민주당 빌 클린턴 후보 진영에서 당시 미국의 경제불황 문제를 유권자들에게 부각시킬 목적으로 고안한 선거전략 중 하나다. 걸프 전쟁 당시였던 1991년 3월 조지 H. W. 부시 대통령의 업무 수행 지지율은 90%에 달했으나, 대선이 본격적으로 진행되던 1992년 8월에는 64%로 급락하였다. 클린턴 후보는 현직 대통령인 부시를 누르고 승리하였다. 'The economy, stupid'는 미국 정계와 언론에서 '경제'라는 단어만 바꾼 채 계속돼서 활용되는 일종의 '스노클론(snowclone)'으로 자리잡았다.

11월 바이든의 워싱턴 개인 사무실에서 발견된 데 이어, 2023년 1월 델라웨어 사저 차고 등에서도 연이어 발견했다. 법무부는 특별검사를 임명해 조사에 돌입했지만, 하원을 장악한 공화당은 기밀문서 유출로 압수수색을 받았던 트럼프와의 형평성을 거론하며 의회 조사를 압박하고 있다. 바이든이 트럼프의 기밀문서 유출을 강도 높게 비판했다는 점을 상기하면 기밀문서를 발견하고서도 사실을 은폐했다는 의혹을 받고 있다는 점에서 역풍이 만만치 않은 상황이다. 미국인들은 전·현직 대통령이 비슷한 혐의로 특검 수사를 받는 상황을 어떻게 보고 있을까 궁금하다.

2023년 2월 5일 <워싱턴포스트>가 공개한 여론조사결과에 따르면, 미국인들은 바이든 현 대통령과 트럼프 전 대통령의 기밀유출 사안과 관련해선 다소 다르게 보고 있는 것으로 나타났다. "잘못했지만 고의성은 없다"고 말한 유권자는 바이든의 경우엔 48%였고, 트럼프의 경우엔 29%였다. "고의성이 있고 불법"이라는 응답자는 바이든의 경우 27%에 불과했지만 트럼프의 경우 45%에 달했다. "잘못이 없다"고 답한 유권자는 바이든과 트럼프가 각각 16%, 20%로 나타났다. 조사결과를 놓고 보면 유권자 중에는 트럼프보다 바이든이 기밀문서 유출에 대한 고의성이 덜 하다고 생각하고 있지만, "둘 다 잘못이 없다"는 응답률은 큰 차이가 없는 것으로 나타났다.

공자는 "군자는 허물을 자신에게서 구하고 소인은 허물을 남에게서 구한다(君子求諸己, 小人求諸人)"고 했다. 자기의 허물은 살피고 남의 허물은 보지 않는 것이 군자라고 했는데, 남의 허물은 눈에 불을 켜고 샅샅이 찾아내려고 혈안이 되어있으면서 자기의 허물은 살피지 않는 미국의 정치도 소인배의 집합체라는 생각에 이른다. "솥 밑과 가마 밑이 서로 흉을 본다", "뭐 묻은 개가 뭐 묻은 개를 나무란다", "남의 눈의 티끌은 보면서 제 눈의 대들보는 보지 못한다", "사돈 남 말 한다"는 속담은 미국 정치의 현주소를 지적하고 있다. 네 탓, 내 탓으로 연일 티격태격하는 미국 정치도 여느 나라 정치와 별반 차이가 없는 것 같다.

넷째, 2022년 2월 시작된 러시아와 우크라이나 전쟁은 바이든에게 국내외적으로 리더십의 시험대가 될 뿐 아니라 그의 재선에도 영향을 줄 것이다. 미국은 우크라이나에 천문학적인 비용의 군사적, 재정적, 인도적 지원을 하면서 서방을 대표하는 실질적 후견인 역할을 하고 있지만, 국내 여론이 악화되거나 미국 의회에서 전쟁 지원 반대를 결정한다거나 우크라이나가 영토를 양보하고 러시아와 협상한다든지 또는 우크라이나가 러시아에 항복하는 등의 사태가 발생하게 되면 바이든의 리더십은 타격을 입게 될 것이다. 실제, 공화당이 다수당이 된 하원에서는 2023년 2월 9일 '우크라이나 피로 결의안(Ukraine Fatigue Resolution)'을 하원 외교위원회에 회부했다. 결의안은 하원 공화당 내 소수의 강경파 의원들이 주도하고 있지만, 전쟁이 장기전의 교착 상태로 빠지게 되면 하원에서 현재와 같은 백지수표(blank check)식 지원 중단이 중요한 이슈가 될 것이다.

여론조사에서도 우크라이나의 군사적 지원에 대한 미국인들의 지지율이 대폭 감소하는 것으로 나타났다. 2023년 2월 22일 <로이터>가 실시한 조사발표에 따르면, 우크라이나에 대한 군사적 지원을 지지한다는 미국인의 응답률은 53%로 나타났다. 2022년 4월 조사에서 73%가 지지할 것이라고 응답한 것보다 수치가 크게 줄었다. 바이든 행정부가 우크라이나 지원 반대 여론에 부딪히고 2024년 대선 후보들이 국내의 인플레이션과 경제침체를 이유로 전쟁 개입 반대 여론몰이를 하게 된다면 난처한 국면에 빠지게 될 것이다. 무엇보다 미국이 전쟁에서 군사적, 외교적 성과를 거두지 못한다면 국제사회에서 미국의 위상은 물론 직간접적으로 러시아를 지원하고 하는 중국과 북한과의 외교에서도 입지가 상당 부분 약화될 것이다. 바이든이 현직 대통령의 프리미엄을 이용한다고 해도 그의 재선 앞길에는 국내외적으로 뛰어넘어야 할 복합적 장애물이 가로막고 있다.

민주당에는 바이든 대통령의 재선 출마 선언 이전에 대선 후보로 출사표를 던진 후보들이 있다. 2023년 3월 4일, 민주당에서는 베스트셀러 작가인 메리앤 윌리엄슨(Marianne Williamson)이 대선 후보로 첫 출사표를 던졌다. 그는 2020년 민주당 대선 경쟁에 도전했다가 투표 전에 하차한 바 있다. 2023년 4월 5일, 존 F. 케네디(John F. Kennedy) 전 대통령의 조카인 로버트 F. 케네디 주니어(Robert F. Kennedy Jr.)가 대선 후보로 출마했다. 케네디 주니어는 케네디 전 대통령의 동생으로 법무장관과 상원의원을 지내고 1968년 민주당의 유력한 대선 후보였던 로버트 F. 케네디(Robert F. Kennedy)의 아들이다. 그는 환경 전문 변호사로 명성을 쌓았지만, 코로나19 백신에 아동의 자폐증을 유발하는 수은 성분이 함유되었다고 주장하면서 백신거부운동을 펼쳐 논란을 일으켰다. 케네디 가문은 그의 출마를 '안타깝고 비극적'이라고 평하면서 바이든의 재선 출마를 지지했다. 가문으로부터도 지지를 받지 못하고 있다. 미국의 정치 명문가인 케네디 가문에서 민주당 대선 경선에 출사표를 던진 것 자체가 미국인의 주목을 받을 수 있겠지만 그의 지지세는 미풍에 그칠 것이라는 전망이다.

관례를 보면 대선 재선 출마를 한 현직 대통령의 프리미엄이 워낙 크다 보니 대선 출마자들은 당내 경선의 흥행을 거드는 역할에 머무는 경우가 많다. 민주당에서는 2024년 대선 재출마를 선언한 현직 대통령 바이든을 상대로 최종 경선 투표까지 갈 확실한 대항마를 찾기 어렵지 않나 싶다. 바이든 대통령은 대선 재출마를 선언함과 동시에 민주당 대선 후보로 결정되었다고 보아도 큰 무리는 없을 것이다.

지금까지 공화·민주 양당에서 2024년 대통령 선거에 출마할 후보군에 대해 살펴보았다. "선거는 뚜껑을 열어봐야 안다"고 하고, 우리나라에서는 "대통령은 하늘이 내린다"고 말한다. 누가 대통령이 될 것인지 미리 맞추는 것은 어려운 일이다. 2024년 미국 대통령 선거의 향배는 어떻게 될까? 여러 가지 경우의 수를 생각해 볼 수 있다. 공화당의 대선 후보는 트럼프가 될 것인가? 아니면 새로운 인물이 등장할 것인가? 민주당의 대선 후보에 바이든 현 대통령이 될 것인가? 공화당의 트럼프 후보와 민주당의 바이든 후보가 2020년에 이어 리턴매치를 벌일 것인가? 공화당의 트럼프가 당내 경선 전후에 낙마하고 공화당의 새로운 대선 후보와 민주당 바이든 대선 후보가 맞붙을 것인가? 공화당의 트럼프 대선 후보가 민주당의 바이든 외 다른 대선 후보와 경쟁할 것인가?

공화당에서 대선 출마를 선언한 트럼프 후보가 사법리스크 때문에 대선 레이스에서 끝까지 완주할 수 있을 것인가도 관심 포인트다. 트럼프를 둘러싼 민·형사상 혐의와 의혹이 실체로 바뀌면 공화당 경선이 시작되기 전에 그가 후보직을 사퇴할 수도 있을 것이다. 공화당 입장에서도 트럼프에 대한 사법처리가 결정되면 트럼프와 결별을 하고 싶어도 하지 못하고 있는 현재의 어정쩡한 상태에서 트럼프와 결별할 수 있는 명분이 될 것이다. 사법처리 결정까지 시간이 소요된다고 할 때, 트럼프의 인격이라면 당내 경선은 물론 당 후보가 되면 대선 후보로서 끝까지 참여할 것이지만 공화당원들은 그를 예전만큼 지지하지 않을 것이다.

미국 헌법 제2조에서는 미국 연방 헌법은 대통령이 될 수 있는 자격으로 세 가지를 명시해놓고 있다. 첫째, 국적 조항으로 태어나면서부터 미국 시민(natural-born citizen)인 사람이어야만 한다. 미국은 국적 부여에 있어 이른바 '속지주의' 원칙을 적용한다. 이에 따라 미국이나 미국령에서 태어난 사람에게는 모두 미국 시민권을 부여한다. 하지만, 다른 나라 출신으로 미국에 이민 와서 나중에 미국 시민권을 얻은 사람, 즉 귀화한 사람은 미국 대통령이 될 수 없다. 둘째, 나이는 35세 이상이 되어야 한다. 셋째, 미국에서 최소한 14년 이상을 살았어야 한다. 거주 기간이 연속해서 14년이어야 하는지는 명확한 규정이 없다. 만약 트럼프가 유죄 판결을 받고 징역형에 처해 진다면 옥중 출마도 가능하다.

바이든이 민주당 대선 후보로서 공화당의 트럼프 후보가 아닌 다른 젊은 후보와 맞붙는다면 바이든의 나이 문제는 훨씬 더 쟁점화될 가능성이 높다. 지금도 바이든은 잦은 말실수와 엉뚱한 행동으로 고령 대통령의 직무수행에 대한 불안감과 심지어 치매 논란까지 일으키고 있지만, 2024년 대선에서는 나이로 인한 문제가 더 심각해질 가능성도 배제할 수 없다. 또한 미국 경제가 현재처럼 높은 인플레이션으로 민생경제가 회복되지 않는다면 유권자들에게 호의적인 반응을 기대할 수 없을 것이다. 미국 대통령 선거에서도 "곳간에서 인심난다"는 속담과 "항산(恒産)이 있어야 항심(恒心)이 있다"는 옛 성현의 말은 틀리지 않다.

2024년 미국 대선에서 미국 국민이 기대하는 최선의 시나리오는 트럼프가 아닌 공화당 후보와 바이든이 아닌 민주당 후보 간의 경쟁일 것이다. 최악의 시나리오는 트럼프와 바이든의 재대결이 될 것이다. 형식적으로는 재선을 노리는 현 대통령과 재선에 실패 뒤 재도전하는 트럼프 전 대통령과의 (노익장) 대결이지만, 이 둘이 다시 대선링에서 맞붙게 되면 정책 대결 선거라기보다는 이념과 진영대결로 치달아 정치 양극화가 심화되고 미국 사회는 극도의 혼란으로 빠질 가능성이 높다.

여론조사결과도 2024년 대선에서 바이든과 트럼프의 출마를 반대하는 유권자가 압도적으로 많았다. <CNBC> 방송이 2022년 12월 10일 공개한 조사결과에 따르면, 응답자의 70%가 바이든이 차기 대선에 출마해선 안 된다고 답했다. 출마해야 한다는 의견은 19%에 그쳤다. 바이든의 불출마를 원하는 응답은 민주당 지지층에서 57%, 공화당 지지층에서 86%였다. 출마를 선언한 트럼프의 경우 출마를 원하지 않는다는 응답이 61%에 달했다. 공화당 지지층에선 37%, 민주당 지지층에선 88%가 출마를 반대했다. 그의 출마 지지 응답은 30%였다. 바이든의 출마를 반대하는 응답자의 47%는 그가 고령이라는 이유를 들었다. 차기 대선에서 유권자의 표심에 중요한 영향을 미칠 경제 문제에 대해서는 응답자의 14%만이 미국 경제가 좋다고 답했는데 이는 2013년 해당 조사를 시작한 이래 최저를 기록했다.

미국 국민들은 응답자의 70%와 61%가 각각 바이든과 트럼프의 출마를 반대한다는 의사 표시를 했다. 바이든이나 트럼프에게 대선에 출마하지 말라는 메시지를 주었지만, 그들은 높은 반대 여론에도 불구하고 출사표를 썼다. 여론조사에서 나타난 민심에 따르면, 공화당 지지층이나 민주당 지지층에서는 트럼프 또는 바이든을 지지 철회하거나 버릴 카드로 생각하고 있다.

2023년 여론조사는 2022년 여론조사결과와 달라졌을까? <워싱턴포스트>와 <ABC> 방송이 2023년 2월 5일 공개한 결과에 따르면 민주당 지지층과 민주당 성향 무당층의 58%는 바이든이 아닌 다른 사람을 민주당 차기 대선 후보로 선호한다고 답했다. 바이든을 선호한다는 응답은 31%에 불과했다. 공화당 지지층과 공화당 성향 무당층의 49%는 트럼프가 아닌 다른 후보를 원한다고 했고, 트럼프를 원하는 답은 44%였다. 바이든이 재선될 경우, 응답자의 30%는 화가 날 것이라고 했고 32%는 불만족스럽지만 화나진 않을 것이라고 말했다. 29%는 바이든의 재선에 만족하지만 열광하진 않을 것이라고 했고, 7%만이 열광할 것이라고 답했다. 트럼프가 당선될 경우, 유권자의 36%는 화날 것이라고 했고 20%는 불만족스럽지만 화가 나진 않을 것이라고 답했다. 26%는 트럼프의 당선에 만족하지만 열광하진 않을 것이라고 했고, 17%의 응답자는 열광할 것이라고 말했다. 양자 대결에서는 바이든이 45%, 트럼프가 48%의 지지를 받아 트럼프가 근소한 차이로 우세했다. 이번 조사에서 바이든의 직무수행 지지율은 42%, 경제 문제에서는 37%, 우크라이나 전쟁 대응에선 38%의 지지를 나타냈다. 2023년 여론조사결과 역시 2022년과 큰 차이가 없었고 바이든과 트럼프의 동반 불출마 여론이 강하게 나타났다.

2023년 4월 22일 발표된 <AP-NORC> 여론조사에 따르면 미국인 26%만이 바이든의 재출마를 원했고, 민주당원 중에서는 47%가 재출마에 찬성했다. 하지만 민주당원 81%는 바이든이 민주당 후보가 되면 본선에서 그를 지지할 의향을 보였다. 2023년 4월 23일 발표된 <NBC> 방송 여론조사에 따르면 미국인 70%가 바이든 대통령의 대선 출마를 반대했으며, 출마 찬성은 26%에 불과했다. 트럼프의 대선 출마에 반대하는 여론은 60%로 나타났다.

여론조시에서 반대 여론이 월등하게 높음에도 불구하고 출마를 강행한 바이든과 트럼프가 각각 민주당 대선 후보와 공화당 대선 후보로 결정되고 재대결을 벌일 가능성이 높다. 만약 바이든과 트럼프가 재대결하게 된다면 어느 쪽이 우세할까? <워싱턴포스트>, <ABC> 방송이 2023년 5월 7일 발표한 여론조사에 따르면 2024 대선 가상 대결에서 "바이든 대통령과 트럼프 전 대통령이 맞붙으면 누구에게 투표할 것이냐"는 질문에 응답자의 36%는 트럼프 전 대통령이라고 답한 반면 바이든 대통령은 32%에 그쳤다. 바이든 대통령과 디샌티스 주지사가 경쟁할 경우의 질문에는 각각 32%로 동률을 기록했다.

한편 여론조사업체 <모닝컨설트>가 2023년 5월 16일 공개한 여론조사 결과에 따르면, 바이든과 트럼프의 양자 가상대결에서 바이든 대통령은 44%, 트럼프 전 대통령은 41%를 기록했다. 근소한 차이로 바이든 대통령의 우세로 나타났다. 이와 같은 결과는 트럼프의 각종 논란이 공화당원의 지지 결집 효과를 내고 있지만, 중도층 유권자에게는 부정적인 영향을 주고 있는 것으로 분석된다. 대부분의 선거가 그렇지만 2024년 미국 대선의 캐스팅보트 역시 중도층의 표심에 달려 있다고 할 것이다.

그러나 2024년 미국 대통령 선거까지는 꽤 많은 시간이 남았고 미국이 직면한 국내외적인 변수가 어떻게 전개될지 모른다는 점에서 현재의 여론조사는 큰 의미를 부여할 필요가 없을 것이다. 2016년 대선에서 대다수 언론이 힐러리 클린턴 후보의 낙승을 예상했지만 결과는 다르지 않았던가.

2016년과 2020년 대선에서 여론조사기관의 신뢰도를 떨어뜨리는 주요인은 '샤이 트럼프' 유권자였다는 것이 밝혀졌다. 그러나 2024년 대선에서는 유권자가 후보를 결정할 때의 환경에 변화가 생겼다. 2016년과 2020년 대선만 해도 유권자들은 트럼프의 각종 비위와 범죄 의혹에 대한 사법부의 판결이 나오지 않은 상태에서 여론조사에 응하고 투표권을 행사했지만, 2024년 대선에서는 유권자들이 트럼프의 각종 의혹이나 혐의에 대한 법률적 판결을 인지한 상태에서 여론조사에 응하거나 투표권을 행사할 수 있게 되었다. 이는 트럼프 후보에 대한 공개적인 지지를 감추면서 투표장에선 트럼프를 찍는 '샤이 트럼프'가 더 많아질 수도 있지만, 중도층 유권자 중에서는 투표장에서 찍을 후보를 결정할 때 많은 고민을 할 필요가 없다는 뜻이 될 수도 있을 것이다. 그렇다고 한다면 2024년 대선 여론조사결과에 대한 신뢰도는 떨어지게 될 것이고 결과 예측은 훨씬 더 어려워질 것이다.

만약 두 후보의 재대결이 성사된다면 2024년 대선에서는 미국 대통령 선거 역사상 흥미로운 사례가 만들어 질 수 있다. 첫째, 대선에서 같은 후보들이 연속하여 재대결을 벌이는 사례가 된다. 1952년과 1956년 대선에서 드와이트 아이젠하워(Dwight D. Eisenhower) 공화당 후보와 애들레이 스티븐슨(Adlai Stevenson) 민주당 후보가 두 차례 대결을 펼쳤는데 아이젠하워 후보가 모두 승리를 거둔 바 있다. 둘째, 전직 대통령과 현직 대통령이 맞붙는 사례가 된다. 1888년 대선 당시 대통령이었던 그로버 클리블랜드(Grover Cleveland) 민주당 후보는 벤자민 해리슨(Benjamin Harrison) 공화당 후보에게 패배했지만, 1892년 대선에서 해리슨 공화당 후보와 재대결을 벌어 승리했다. 만약 내년 공화당과 민주당 구도의 대통령 선거에서 트럼프 공화당 후보가 바이든 민주당 후보를 상대로 승리한다면 132년 만에 클리블랜드 후보와 같은 역사적인 선례를 남기게 될 것이다.[5]

---

5 3당 구도의 대통령 선거에서 전·현직 대통령이 대결한 사례도 있었다. 1912년 시어도어 루스벨트(Theodore Roosevelt) 전 대통령이 공화당을 탈당해 진보당 후보로 출마하여 공화당의 윌리엄 하워드 태프트(William H. Taft) 당시 대통령을 상대로 대권에 도전했지만, 선거 결과는 민주당 우드로 윌슨(Woodrow Wilson) 후보가 41.8%로 어부지리를 얻어 승리했다. 태프트 후보는 23.2%, 루스벨트 후보는 27.4%를 얻었다. 두 전·현직 대통령이 얻은 득표율은 51.3%이다. 이는 마치 우리나라에서 1987년 12월 직선제로 치러진 대통령 선거에서 김영삼 후보와 김대중 후보가 분열되어 노태우 후보가 어부지리로 대통령에 당선된 사례와 닮았다. 당시 노태우 후보는 36.64%, 김영삼 후보는 28.03%, 김대중 후보는 27.04%를 얻었다.

데마고그
트럼프

Demagogue
Trump

Demagogue
Trump

제10장
데마고그
트럼프

'데마고그(demagogue)'의 사전적인 의미는 "합리적인 논리보다는 평범한 대중의 욕구와 편견에 호소함으로써 그들의 지지를 얻어 내는 정치적 지도자"를 의미한다. 정치학자 마이클 시그너(Michael Signer)는 그의 저서 《선동가》(*Demagogue*)에서 다음의 네 기준을 충족하는 사람을 선동가라고 정의한다. 첫째, 선동가는 자신이 마치 대중의 거울(mirror)이라도 되는 것처럼 행동하면서 엘리트들을 공격한다. 둘째, 선동가는 대중의 마음속에 큰 감정의 물결을 일으킨다. 셋째, 선동가는 그 감정을 자신의 정치적 이익을 위해 사용한다. 넷째, 선동가는 기존에 확립된 통치 규칙을 위협하거나 어긴다.

시그너는 데마고그의 원형으로 고대 아테네의 정치가 크레온(Creon)을 꼽는데 망설임이 없다. 크레온은 정권을 장악하자 자신에게 도전한 극작가를 처형하고 정복한 섬 주민의 대량학살을 시도하면서 아테네의 민주주의를 마비시켰다. 크레온은 카리스마 넘치는 열변을 쏟아내는 힘찬 목소리 덕분에 대중의 지지를 받는 강력한 권력자가 되었지만, 자기기만과 자아도취에 빠져 자신만이 지혜롭고 자신의 웅변술과 자신의 생각이 다른 사람들보다 뛰어나다는 착각에 사로잡혔다. 자기기만과 자아도취적인 성격의 소유자가 강력한 권력을 쥐게 되면 데마고그가 될 가능성이 높다고 할 것이다.

역사를 한참 건너 뛰어보자. 20세기에 들어와서도 동서양을 막론하고 몇 명의 데마고그를 손꼽아 볼 수 있다. 독일의 아돌프 히틀러(Adolf Hitler), 소련의 첫 번째 지도자 블라디미르 레닌(Vladimir Lenin), 아르헨티나의 후안 페론(Juan Perón), 인도네시아의 수카르노(Sukarno), 가나의 과메 은크루마(Kwame Nkrumah) 등이 대표적인 사례라고 하겠다. 미국에서는 1950년대 조 맥카시(Joseph McCarthy) 상원의원이 정부와 사회각 분야에서 공산주의자를 색출한다는 명분으로 권력을 행사하고, 루애지애나의 휴이 롱(Huey long) 주지사는 빈부격차를 타파한다는 명분으로장기집권을 기도한 적이 있었다.

21세기에 들어서도 선동가형 정치가들이 보란 듯이 통치자로 군림하였거나 하고 있다. 러시아의 블라미드르 푸틴(Vladimir Putin), 튀르키예의 레제프 에르도안(Recep Erdogan), 필리핀의 로드리고 두테르테(Rodrigo Duterte), 베네수엘라의 우고 차베스(Hugo Chavez), 이탈리아의 실비오 베를루스코니(Silvio Berlusconi), 벨라루스의 알렉산더 루카셴코(Alexander Lukashenko), 이라크의 무크타다 알사드르(Muqtada al-Sadr) 등도 대표적인 정치 선동가로 꼽을 수 있다.

흥미롭게도 세르게이 구리에프(Sergei Guriev)와 다니엘 트라이스만

(Daniel Treisman)은 저서 《스핀 독재자들》(*Spin Dictators*)에서 21세기 독재자를 '스핀 독재자'로 부르고 있다.1 스핀 독재자들은 민주적 제도를 이용하여 민주주의 자체를 정복하는 탁월한 능력을 가진 데마고그의 별칭이라고 하겠다. 이들은 체제의 성공보다는 적(敵)을 악마화하고 대중의 현실에 대한 이미지를 왜곡하기 위해 미디어를 장악한다. 러시아의 푸틴은 스핀 독재자의 모델로 꼽히고 있다. 푸틴 외에도 튀르키예의 에르도안, 헝가리의 빅토르 오르반(Viktor Orbán), 싱가포르의 이광요(Lee Kuan Yew), 페루의 알베르토 후지모리(Alberto Fujimori) 등이 대표적인 스핀 독재자로 꼽힌다.

　21세기 대표적인 데마고그로 꼽히는 인물들의 면면을 살펴보자. 푸틴 대통령은 1953년 사망한 소련의 독재자 이오시프 스탈린(Joseph Stalin) 이후 가장 오랫동안 집권하고 있는 인물로 헌법개정으로 마음만 먹으면 2036년까지 크렘린에 남을 수 있게 됐다. 장기집권으로 권력을 사유화하고 필요에 따라 이웃 국가를 무력 침략하는 만행을 서슴지 않고 있다. 푸틴의 러시아는 국제평화와 안전 유지에 대하여 주요한 책임을 지고 있

---

1 '스핀'은 원래 '돌리거나 비틀어 왜곡한다'는 부정적인 뜻을 가지고 있는 단어로, 1984년 '스핀닥터'에서 비롯되었다. 당시 <뉴욕타임스>는 사설에서 미국 대통령 후보들의 텔레비전 토론이 끝난 뒤 스핀닥터들이 자기 진영에 유리하도록 홍보력을 발휘하였다고 썼는데, 스핀닥터는 여기서 유래하였다. 정식 용어는 아니지만, 이후 스핀닥터는 정치적 목적을 위해 사건을 왜곡하거나 조작하는 사람, 국민의 생각이나 여론을 정책으로 구체화시킴은 물론 정부 수반의 생각을 국민들에게 납득시키는 역할까지 하는 정치 전문가 또는 홍보 전문가를 뜻한다<네이버 두산백과>.

는 유엔 상임이사국으로 상응하는 역할 수행을 성실히 해야 하는데도 거부권 행사를 오용하면서 우크라이나를 침략하고 전쟁을 지속하고 있다. 2023년 3월 국제형사재판소(ICC)는 푸틴에게 반인도적 범죄혐의로 체포영장을 발부했다. 푸틴은 전쟁 중에 우크라이나 어린이 수백 명을 보육원과 아동보호시설에서 납치하여 러시아로 강제 이주시켜 아이들을 전리품 취급한 혐의다. 푸틴은 ICC 회원 123개국을 방문하게 되면 체포당할 수 있다. 국제적인 망신이고 이만한 불명예도 없다.

튀르키예의 에르도안 대통령도 헌법개정을 통해 2033년까지 합법적으로 대통령직을 유지할 수 있게 되었고 민족주의와 포퓰리즘에 기반하여 독재와 폭압 통치로 야당과 언론을 탄압하고 자신과 측근의 비리와 부정부패를 은폐하기에 급급하다. '마약과의 전쟁'을 선포했던 필리핀의 두테르테 대통령은 임기 내내 6천 명 이상의 마약 범죄자들을 사살했는데, 인권단체들은 경미한 수준의 마약 범죄자를 비롯해 어린이를 포함한 무고한 사람들도 희생됐다고 비판했다. 두테르테는 마약과의 전쟁 동안 경찰과 자경단에게 초법적 살인을 하도록 용인했다는 국제법 위반 혐의를 받고 있다. 정치적 목적을 위해서는 수단과 방법을 가리지 않았다.

베네수엘라의 차베스는 포퓰리즘적 사회복지의 대명사로 불릴 정도로 한때 노동계층과 빈민층을 비롯한 사회적 약자들의 영웅으로 떠받들어지며 장기집권을 추구하면서 자신을 반대하는 정적들을 투옥했다. 이탈리아의 베를루스코니는 수많은 부정부패, 반대 세력에 대한 무자비한 탄압 및 미성년자를 포함한 여성 편력 스캔들로 점철된 인물로 한때 세계 GDP 5위를 기록했던 이탈리아의 경제를 침체기에 빠뜨린 원흉으로 평가받는다.

　벨라루스의 루카셴코는 자신에게 비판적인 정적과 언론인을 제거하고 선거 부정을 일삼았다는 의혹을 받는다. 2021년 5월에는 반체제 언론인 로만 프로타세비치(Roman Protasevich)의 체포를 위해 전투기를 동원하여 여객기를 강제 착륙시키기도 했다. 이라크의 무크타다는 미국과 이란 등 모든 외세의 개입을 거부하는 반외세 성향의 민족주의 종교 지도자다. 그는 자신의 정치적 목적을 관철시키기 위해 정계 은퇴를 반복하면서 추종자를 부추겨 의사당, 대통령궁 등 국가시설을 습격하고 유혈 충돌을 일으키면서 자신의 위상을 강화했다.

　이들 지도자의 공통점은 선동에 능하고 민주적 절차와 규범을 무시하는 초법적인 말과 행동을 하면서 대중의 분노와 좌절을 내부의 적에게 돌리는데 탁월한 재능을 갖고 있다. 또한 이들은 내부에서 민주주의를 뒤집고 폭력적이고 억압적인 정권을 운영하는 것은 물론, 통치수단으로 민족주의 향수를 자극하는 것을 즐겨 사용하면서 국제적 규범과 제도에 구애받지 않으며, 거칠고 직설적인 화법을 즐겨 구사하면서 대중주의와 극우정치에 경도되어 있다. 이들 스트롱맨들은 서로를 우상으로 여기고 리더십에 경의를 표한다.

　2016년 10월, 니콜라스 마두로(Nicolás Maduro) 베네수엘라 대통령은 '평화와 인민 주권을 위한 차베스 상'을 제정한다고 밝히고 첫 수상 후보로 러시아의 푸틴 대통령을 꼽으며 그를 '평화를 위한 전사'라고 치켜세웠다. 필리핀의 두테르테는 공개적으로 푸틴에 대한 존경을 표했다. 유유상종(類類相從)의 극치다.

미국의 트럼프는 어떤가? 트럼프는 미국에서도 희대의 데마고그로 뽑히고 있다. 트럼프와 같은 선동가는 대중의 열렬하고 무조건적인 지지를 받게 되면 민주적인 정치체제를 무너뜨리고 법치주의를 파괴하고 군중과 지지자들은 물론 반대자들까지도 통솔하고 탄압하는 권위주의적 독재자로 군림하는 위험한 존재로 변신할 수 있다. 고대 아테네의 크레온을 보는 것 같다.

2022년 12월 27일, <뉴욕타임스> 칼럼니스트 찰스 M. 블로(Charles M. Blow)는 기고문에서 "한때 트럼프는 그의 지지자들 사이에서는 민간에서 전설로 내려오는 영웅(Folk Hero)의 반열에 올랐다"는 흥미로운 평을 내놓았다. "사기꾼이자 룰 파괴자인 트럼프가 백인근로계층의 두려움과 반항심을 대변하는 인물로 떠올랐다. 백인 근로계층에게 트럼프는 정치인 그 이상으로 신의 영역에 접근했다. 추종자들은 그를 개인숭배의 대상으로 끌어안았다." 트럼프의 위상은 일개 정치인이 아니라 수많은 추앙자를 거느린 종교 교주의 반열에 올랐다는 평이다. 트럼프를 '신(神)'처럼 숭배하는 추종자들에게는 트럼프가 아무리 터무니없는 거짓말을 하거나, 사기를 치거나, 인종차별적인 행동을 하거나, 부정부패 행각을 벌여도 그에게 상처를 입히기는커녕 영웅의 전설을 강화시키는 촉진제 역할을 할 뿐이다.

트럼프는 테플론 프라이팬처럼 숱한 비행과 의혹에도 건재하다. 미국 사회에서 트럼프 숭배(cult)가 상당 기간 지속될 것이라는 예측이다. 미국 인구(2021년 기준) 약 3억 3천만 명 중 트럼프를 열렬하게 지지하는 강경 지지층 30~40%만 잡더라도 약 9천만 명에서 1억 2천만 명 정도는 트럼프를 영웅으로 숭배하고 있다. 인류 역사에서 최대 인원이 트럼프를 숭배하고 있다.

실제, 2023년 6월 8일 연방검찰이 트럼프를 '기밀 문건 유출' 혐의로 기소한 후, <CNN>이 2023년 6월 11일 발표한 여론조사결과에 따르면 공화당 경선 참여 후보들 중 트럼프는 61%의 지지율을 기록했다. 트럼프는 2023년 3월 뉴욕주 맨하튼 지방검찰청의 '성추문 입막음' 혐의에 대한 기소와 5월 뉴욕주 남부연방지방법원의 성폭력 및 명예훼손 혐의에 대한 배상 판결에 이은 연방검찰의 기소에도 불구하고 공화당 대선 경선 후보들 중 압도적인 우세를 유지하고 있다. 디샌티스 플로리다 주지사는 23%를 차지했다. 공화당 지지자 중 80%는 트럼프의 유죄가 확정돼도 대통령이 될 수 있어야 한다고 응답했다. 연방검찰의 기소로 인해 트럼프에 대한 이미지가 바뀔 수 있는지에 대한 질문에 대해서는 공화당 지지자 중 61%는 '변화가 없을 것'이라고 답했다. 7%만 '나쁘게 바뀌었다'고 답했고, 14%는 오히려 '더 좋아질 것'이라고 밝혔다. 또한 공화당 지지자 76%는 연방검찰의 기소를 '정치적 동기에 따른 기소'라고 답했으며, 12%만이 '기밀 문건 유출에 따른 국가 안보 위험'이라고 답했다.

사법당국이 트럼프의 각종 범죄 혐의에 대한 사법권을 행사할수록 트럼프 지지자들은 그에 대한 지지를 철회하기는커녕 트럼프를 부당하게 박해받는 영웅 또는 트럼피즘의 교주(敎主)로 떠받들 가능성이 높다. 트럼프 지지자가 방송 인터뷰에서 했던 "나는 트럼프를 좋아합니다. 그가 좋은 대통령이라는 걸 알고 있습니다. 좋은 대통령이었습니다. 지금도 내일도 영원히 나의 대통령입니다. 그를 지킬 것입니다"라는 말은 대다수 트럼프 지지자들의 심정을 대변하고 있지 않나 싶다. 트럼프 지지자들에게 트럼프는 무오류의 지도자다.

트럼프는 지구상에서 가장 성숙한 민주주의 정치체제를 운영한다는 미국에서 국민을 속이고, 국민의 반감, 소외감과 위화감, 그리고 민족주의와 인종우월주의를 자극하여 유권자의 표를 얻어 내고 권력을 확보하여 행사하고 자신과 측근(특히 가족)의 특권과 불법 행동을 감추는 행동을 하였다. 트럼프의 정적 힐러리 클린턴은 이러한 사기행각에 넘어간 트럼프 지지자들을 '통탄할 사람들(deplorable)'이라고 불렀다가 오히려 역풍을 맞아 그러한 표현을 한 것에 대해 사과해야 했던 에피소드까지 있었다.

트럼프를 사이비 종교 교주로 비유하면 추종자들이 신봉하는 교리는 '트럼피즘'이다. 트럼피즘은 세상을 어지럽히고 백성을 속이는 동양의 혹세무민(惑世誣民)과 맥을 나란히 한다. 혹세무민에서 혹(惑)은 정신을 혼란스럽게 하여 어지럽힌다는 뜻이고, 무(誣)는 없는 사실을 가지고 속이거나 깔본다는 뜻을 갖는다. 이 표현은 그릇된 이론이나 믿음을 이용해 사람들을 속이고, 그들을 이용해 자신의 이익을 추구하는 모습을 가리킨다. 사이비 종교 교주, 그릇된 주장을 내세우는 학자와 정치가 등이 모두 이런 행동을 하는 자들이라 할 수 있다.

우리는 민주주의가 자유를 보장하고 권력의 독재와 과잉을 제한하는 좋은 정치체제라고 믿는다. 영국의 정치지도자 윈스턴 처칠(Winston Churchill)은 "민주주의가 좋은 정치체제는 못되지만 다른 어떤 것보다는 나은 체제(Democracy is the worst form of government, except for all the others.)"라고 꼬집어 말한 일이 있다. 민주주의를 대체할 만한 정치

체제가 없다는 말이다. 민주주의를 위하여 생명을 내놓은 사람들도 적지 않다. "민주주의라는 나무는 피를 먹고 자란다"는 말이 괜히 생기지 않았을 것이다. 우리나라도 독재와 권위주의에 저항하며 민주주의를 되찾고 지키기 위해 수많은 시민이 민주주의 제단에 피를 바쳤던 역사를 가지고 있다.

데마고그가 주류 정치세력으로 등장한 국가는 미국만의 문제가 아니다. 데마고그는 민주주의 정치체제를 가진 국가에도 여건만 형성되면 언제든 출현한다. 데마고그가 득세한 국가의 상황을 보면 공통점을 발견할 수 있다. 이들 국가에서는 정치이념의 간극이 심화되어 되돌릴 수 없을 정도로 이념대결과 진영대결이 펼쳐지고 있고 경제 양극화에 따른 부(富)의 편중으로 국민의 불만과 분노가 팽배하다. 대중은 그들의 좌절과 분노를 단숨에 해결할 영웅을 기대한다. 이때 그들 앞에 데마고그가 나타나 대중을 대변하는 것처럼 행세하기 시작한다. 조제프 드 메스트르(Joseph de Maistre)가 말한 것으로 알려진 "모든 국가는 그 수준에 맞는 정부를 갖는다(Every nation gets the government it deserves.)"라는 말이 틀리지 않다.

미국과 같은 민주주의 국가에 트럼프와 같은 데마고그가 등장한 것에 대해 의아해할 수 있지만 이제까지 미국식 민주주의에 대해 고평가한 부분도 있음을 인정할 때가 되었다. 데마고그는 오히려 요즘 미국과 같이 정치 양극화, 경제적 불평등, 인종차별 등 사회경제적으로 분노와 좌절심리가 광범위하게 퍼져있는 국가에서 진가를 발휘할 수 있다. 데마고그는 사회적, 경제적 불평등이 만들어낸 좌절과 분노를 파고들기 때문이다.

컬럼비아대 셰리 버먼(Sheri Berman) 교수는 2022년 11월 11일자 <포린어페어스>에 기고한 '민주주의가 승리하는 방법(*How Democracy Can Win*)'에서 미국에 트럼프와 같은 데마고그가 등장하게 된 배경과 이유에 대한 의문을 풀어준다. 버먼 교수는 "1990년대 후반과 2000년대 초반, 많은 서유럽 우파 포퓰리즘 정당이 표와 권력을 얻고 싶다면 그들의 수사(修辭)와 행동을 절제해야 한다는 것을 인식하고 있을 때, 미국의 양대 주류 정당 중 하나인 공화당은 반대 방향으로 움직이기 시작했다. 뉴트 깅리치(Newt Gingrich)의 1994년 '미국과의 계약(Contract with America)'[2]에서 예시되었듯이, 공화당의 수사학은 점점 더 분열적이고 부정적이 되었고, 정책 프로파일은 온건파에서 보수파로 바뀌었으며, 의회에서의 행동은 점점 더 방해주의적이 되었다. 2016년 트럼프의 선거는 이러한 추세를 가속화했다. 트럼프는 민주적 규범과 제도를 거의 고려하지 않았고, 공화당은 그의 충동을 확인하기보다는 그것들을 탐닉하거나 심지어 묵인했다"라고 지적했다.

그러면서 버먼은 오늘날 미국 민주주의가 시험대에 서게 된 원인을 의회와 정당에서 찾았다. "2020년 대선에서 트럼프가 패배한 후, 공화당은 더욱 급진화되어 트럼프의 선거 부정 주장이나 합법적인 권력 이양을 방

---

2 1994년 9월 공화당에서는 민주당 위주의 의회운영방식에 근본적인 변화를 추구하면서 감세법안, 의회개혁법안, 반이민법으로 알려진 사회복지 개혁법, 범죄퇴치강화법안, 고용창출 및 임금상향법안, 균형예산 헌법수정안, 대통령 개별조항 거부권법안, 의원 임기제한 수정 등을 골자로 하는 의회개혁법안을 담은 '미국과의 계약'이란 정책제안서를 발표했다. 1994년 11월 중간선거에서 공화당은 40년 만에 다수당으로 복귀했다.

해하기 위한 폭력적인 의사당 난입 사태에 대해서 정면으로 비난하지 않았다. 공화당은 또한 리즈 체니 하원의원과 밋 롬니(Mitt Romney) 상원의원과 같은 당내 지도자들이 민주적 제도를 옹호하고 점점 더 반민주적인 당의 길에서 벗어나려고 하는 것도 거부했다. 2020년 대선결과를 부정하는 약 300명의 공화당 후보가 2022년 중간선거 출마자라는 것은 공화당이 얼마나 반민주적인가를 방증한다." 또한 버먼은 "유럽의 경우 자유민주주의의 제도와 규범이 확실히 자리를 잡았기에 미국과 상반된 모습이 연출된 것이라고 지적한다. 정당들은 책임 있게 행동했고 EU와 개별 국가의 기관들은 독립성을 유지했으며 지도자들은 서슴없이 잘못된 행동을 꾸짖었다. 그 결과 권력을 장악한 스웨덴과 이탈리아의 급진 우익 정당들은 한때 그들이 요구했던 극적인 정책 변화를 밀어붙일 수 없게 됐다"고 분석했다.

파리드 자카리아(Fareed Zakaria)도 2022년 11월 17일자 <워싱턴포스트>에 '트럼프는 마법처럼 사라지지 않는다. 공화당원들이 트럼프를 내쫓아야 한다(Trump won't magically disappear. Republicans will have to purge him.)'라는 제목의 기고문에서 "이제 공화당은 도덕적 비루함에 마침표를 찍고 당 내부에 도사린 암덩어리에 결연히 맞서야 한다. 공화당 지도자들은 지지자들을 향해 트럼프는 미국의 민주주의를 약화시키려 했던 선동가이기에 공화당 대통령 후보로 받아들일 수 없다고 분명하게 설명해야 한다"라고 주장했다.[3]

---

3 버먼 교수와 자카리아 칼럼니스트의 인용문은 [서울경제. (2022). <[해외칼

상식적으로 지속 가능한 민주주의가 유지되려면 제도와 규범에 따라 선거가 치러지고 법에 근거하여 정책이 집행되어야 할 것이다. 그러나 미국처럼 수천만 명의 SNS 팔로워를 가진 유명인사 한 명에게, 그것도 거짓과 위선의 선동가에게 이리저리 끌려다니는 국가의 민주주의는 데마고그가 출현하기 안성맞춤인 '허약한 민주주의(fragile democracy)'라는 비판이다. 또한 데마고그가 소속된 정당 지도자들이 그가 민주주의를 위협하는 잘못된 행동을 할 때 서슴지 않고 꾸짖거나 바로 잡아주어야 하는 데 그렇지 못했다는 지적이다.

트럼프는 2016년 워싱턴 정치의 부정부패를 신랄하게 질타하며 자신이 엘리트 기득권 세력을 몰아내고 새로운 정치를 하겠다고 떠벌리며 등장했다. 그동안 제도와 규범에 갇혀 제 목소리를 내지 못했던 저소득, 저학력의 백인들은 트럼프의 말 한마디 한마디에 열광했고 그들은 트럼프를 참았던 좌절과 분노를 일거에 해결해 줄 전설 속의 영웅이거나 종교 교주처럼 떠받들고 있다. 미국 정치판을 뒤흔들면서 공화당 대선 후보가 된 트럼프는 힐러리 클린턴 민주당 후보를 꺾는 대이변을 일으켰다.

그러나 새로운 정치와 부정부패 척결이라는 기치를 내세우며 대통령에 당선된 트럼프의 대통령직에 대한 평가는 어떤가? 4년간 대통령을 역임한 트럼프는 워싱턴 정치판을 뒤엎고 부정부패를 척결하겠다는 유권자와의 약속을 지키기는커녕 자신이 미국을 대표하는 희대의 데마고그로서

럼] 트럼프 망령, 공화당이 제거해야?>. 11월 22일.]에서 발췌하여 수정, 재편집함.

입지를 굳혔지 않나 싶다. 세계 최강대국 미국 대통령으로서 그의 임기 내내 미국 사회는 비상식과 거짓말과 으름장으로 고통 받았고 정치권은 양극화로 치달았고 국민은 이념대결, 진영대결로 분열되었다. 국제사회도 미국 우선주의라는 잣대를 들이댄 트럼프의 허세와 변덕과 협박으로 한 걸음도 앞으로 나아가지 못하고 오히려 퇴보했다. 전 세계가 기후위기로 고통받고 있지만, 트럼프는 미국 우선주의를 핑계 삼아 파리협약에서 탈퇴하였다.

그런 데마고그 트럼프가 한 번의 대통령도 부족해서 2024년 대선 출사표를 던졌고 지지층의 외연을 확대하고 있다. 데마고그 트럼프의 숙주는 '트럼피즘'이고 이 숙주에 기생하는 지지층이 '트럼피스트'다. 트럼피즘은 미국 우선주의와 인종차별주의가 백인우월주의와 결합하여 생성된 바이러스다. 이 바이러스는 주로 미국의 저소득층과 저학력 백인들뿐 아니라 미국 사회에서 좌절하고 분노를 가진 국민을 감염시켰다. 트럼프는 2016년 대선에서 트럼피즘 숙주로서 수많은 트럼피스트가 보낸 강력한 지지 덕분에 당선되었지만, 2020년 대선에서는 재선에 실패했다. 트럼프는 대선 패배를 승복하지 않고 '선거사기'라는 희대의 거짓말을 하며 트럼피스트와 일반 국민을 선동하고 있다. 트럼프의 거짓 선동에 흥분한 지지자들은 국회의사당으로 난입하여 폭동을 일으켰다.

2021년 '1·6 의사당 난입 사태'는 트럼프와 트럼피스트가 합작으로 일으킨 내란으로서 트럼프가 트럼피스트의 숙주라는 사실을 확실하게 각인시켰으며 미국 민주주의가 위기에 직면했다는 사실을 전 세계에 확인시켜주었다. 2022년 중간선거 결과는 미국 국민이 트럼피즘의 정체를 눈

치챘고, 트럼피즘 바이러스에 면역체가 생긴 국민이 많아졌으며, 트럼프와 트럼피스트를 경계하거나 아예 손절하는 국민이 늘어나고 있다는 증거를 보여주고 있다.

데마고그 트럼프는 2016년 기업가에서 정치인으로 변신하면서 워싱턴의 기득권 엘리트들을 부정부패 세력으로 규정하고 그들을 일소하겠다고 다짐했지만, 이제 자신이 부정부패의 화신이 되고 말았다. 트럼프가 연루된 내란선동, 탈세, 기밀문서유출, 부패, 성추행 등 각종 민·형사상 의혹과 혐의가 실체로 드러나고 법의 처벌을 받는 순간 데마고그 트럼프는 숙주로서 전염력이 약화될 것이지만, 그 후유증은 상당 기간 지속될 것이다. 희대의 데마고그 트럼프를 통해 민주주의는 깨지기 쉬운 유리와 같아 조심해서 다루지 않으면 깨진다는 사례를 확인하게 되었다.

다른 한편으로 미국이 데마고그 트럼프의 출현에 따라 미국 민주주의의 구조적 부실을 진단하고 고칠 수 있는 기회가 될 수 있다. 이번 기회에 미국은 민주주의를 위협하는 국내적 요인에 대해 무관심하지 않았나 하는 진지한 성찰과 함께 재건 노력이 필요하다는 생각이 든다. 미국이 민주주의 위기를 어떻게 극복할 것인가는 '민주주의 회복력'을 확인하는 기회가 될 뿐 아니라 우리나라 민주주의에도 많은 교훈과 함의를 제공할 것이다.

트럼프가
한국에 미친 영향

Demagogue
Trump

Demagogue
Trump

제11장

트럼프가
한국에 미친 영향

2016년 미국 대통령 선거가 치러질 때만 해도 국내의 대다수 전문가는 힐러리 클린턴 민주당 후보의 당선을 예측했다. 힐러리 클린턴 후보가 대통령으로 당선되면 전임 민주당 소속의 오바마 정부와의 연장선에서 대외정책의 기조를 맞출 수 있을 것으로 예상했다. 그러나 예상을 뒤엎고 트럼프 후보가 당선되면서 한국의 정계와 경제계는 적잖이 당혹스러워했다. 2017년 1월 트럼프 대통령이 취임 이후 우리나라에 미친 영향을 정치외교, 경제, 군사, 정서적 측면에서 생각해보고자 한다.

첫째, 트럼프가 정치외교적 측면에서 우리나라에 미친 영향은 지대했다. 무엇보다 1, 2, 3차 북·미정상회담을 언급하지 않을 수 없다. 1차 북·미정상회담은 2018년 6월 12일 싱가포르에서 개최되었는데 트럼프 대통령과 북한 김정은 국무위원장은 정상회담을 갖고 공동성명을 발표했다. 싱가포르 북·미회담은 남한과 북한의 휴전 이후 사상 최초로 미국과 북한 정상이 직접 얼굴을 마주한 역사적인 회담이었다. 1948년을 기준으로 70년 만이었다. 2017년만 해도 "늙다리 미치광이", "로켓맨"으로 서로의 진영을 비난하며 미국의 북한 선제 타격설이 흘러나오는 등 전쟁 분위기가 고조되었다는 것을 생각해보면 평화 분위기 조성 그 자체로 큰 진전이었다. 두 나라 정상의 2018년 만남은 상당히 이례적이었고, 북한과 미국 정상 간의 사상 초유의 회담으로 한반도 문제의 물꼬를 틀 수 있을지 많은 주목을 받았다.

회담 후 양국 정상은 공동성명을 발표하면서 미국은 북한의 안전을 보장하고 북한은 한반도의 '완전한 비핵화(complete denuclearization)'의지를 재확인하였다. 양국은 전쟁포로 및 행방불명자들의 유골발굴을 진행하며 북한은 이미 발굴하여 확인된 유골들을 즉시 미국에 송환할 것을 확약하였다.

우리나라는 북·미정상회담의 역사적 의미만큼이나 회담 성과에 대한 기대치도 높았지만, 초미의 관심사였던 북한의 비핵화 로드맵은 제시되지 않았다. 공동성명 중 '한반도의 완전한 비핵화'는 글자 그대로 한반도에서 비핵화를 위해 노력한다는 의미로 해석하면 미래지향적인 합의로 볼 수 있지만 모호한 표현이 아닐 수 없다. 오히려 2005년 6자(미·중·러·일·남·북)회담에서 도출된 9·19 공동선언이 북한의 구체적인 행동 가이드라인을 적시하고 있어 북·미정상회담에서 도출된 공동성명보다 훨씬 진일보했다고 볼 수 있다. 9·19 공동선언에서는 한반도 비핵화 노력의 일환으로 검증가능한 비핵화 및 북한의 핵확산금지조약(NPT) 국제원자력기구(IAEA) 안전조치 복귀와 같이 북한이 취해야 할 구체적 사항을 담고 있었다. 사상 첫 북·미정상회담에 대한 결과는 "소문난 잔치에 먹을 게

│ 세기의 만남, 북·미정상회담

없다"는 우리 속담을 떠올리게 했다.

트럼프는 회담 후 인터뷰에서 한·미연합훈련 중단, 방위비 문제, FTA 재협상에 주한미군 철수까지 언급하면서 우리나라 정부를 혼란을 빠뜨렸다. 우리나라와 미국이 사전에 조율하지 않은 의제였다. 미국이 'CVID (Complete, Verifiable, Irreversible Denuclearization)', 즉 완전하고 검증 가능하며, 불가역적인 비핵화에 대한 북한의 확약과 구체적 실행방안에 대해 합의되지 않은 상태에서 한·미연합훈련 중단 등을 언급한 것은 트럼프가 한반도 정세를 제대로 파악하고 있는지 우려스러울 정도였다.

2차 북·미정상회담은 베트남 하노이에서 개최됐다. 2차 정상회담에서는 1차 회담과는 다르게 북한의 비핵화에 대한 구체적인 가이드라인이 도출될 것으로 기대했다. 종전선언[1]도 또 다른 기대사항이었다. 2차 회담

의제에 대해서는 공식적으로 알려지지 않았지만, 합리적 추론은 가능하다. 미국은 영변의 주요 원자력 시설을 "영구적으로 그리고 완전하게" 해체할 것을 제안했고 영변 핵시설 외에 추가적인 비핵화를 요구했을 것이다. 트럼프는 "북한은 영변 핵시설 폐기보다 더 많은 걸 없애야 한다. 그들은 아마 우리가 알고 있다는 사실에 놀랐던 것 같다"고 말하며 영변 외에 다른 시설을 회담 의제로 올렸다는 것을 시사했다. 북한은 제재의 전면적인 완화와 한·미 연합군사훈련 중단을 요구했을 것이다. 양국 정상의 요구 사항은 서로 들어줄 수 없는 의제였고, 회담은 공동성명도 없이 결렬됐다. 트럼프가 선호하는 톱다운 방식 정상회담의 단점을 고스란히 드러냈다.

3차 북·미정상회담은 트럼프다운 즉흥적 제안이었고 북한이 이를 수용하면서 이루어졌다. 2019년 6월 29일 트럼프는 'G20 Summit'에 참석했던 일본을 떠나 우리나라로 향하기 전 트위터로 "북한의 김정은 위원장이 이것을 본다면, 나는 북한과 남한 사이의 국경 DMZ에서 그를 만나 악수를 하고, 인사를 할 수 있을 것이다"는 글을 보냈다. 판문점에서 3차 북·미정상회담이 열리게 된 배경이다. 트럼프는 미국 대통령으로서는 처음으로 군사분계선을 넘어 북한 땅을 밟았다. 3차 회담은 미국과 북한

---

1 볼턴 전 국가안보보좌관은 2020년 출간된 회고록《그 일이 일어난 방》에서 트럼프와 참모들이 종전선언을 대가로 북한으로부터 뭘 받아내야 할지에 대해 논의했다고 기록했다. 논의 과정에서 트럼프는 종전선언은 그저 의례적인 표현에 불과하고 언론에서 큰 점수를 따는 것일 뿐 국제적으로 무슨 파급효과가 있을 것인가에 대해서는 깊이 고민하지 않았다고 회고했다.

의 관계가 우호적이며 실무선에서 지속적으로 의제를 논의한다는 메시지를 전했다. 그러나 양국은 서로 수용할 수 없는 의제, 즉 미국은 FFVD(final, fully verified denuclearization)를 요구하고, 북한은 제재 완화와 한·미연합훈련 중단 등을 요구하면서 몇 차례 실무회담을 진행했지만 성과 도출에 실패하고 말았다.

2020년 출간된 전 국가안보보좌관 볼턴의 저서 《그 일이 일어난 방》에서는 '트럼프가 자신의 트윗을 보고 김정은이 만남에 응한 것에 큰 의미를 부여하면서, 북한의 김정은을 끌어낼 수 있는 사람은 자신뿐이라며 우쭐했다'고 회고했다. 우리나라 국민들은 북·미정상회담을 마음 졸이며 지켜보았지만 트럼프에게는 미국 대통령으로서 자신의 영향력을 과시하고 존재감을 확인시키며 치적을 홍보하는 무대였다.

2018년과 2019년은 트럼프가 미국 대통령으로서 한반도의 운명을 결정하는 중요한 역할을 할 것으로 기대했다. 그러나 트럼프는 남북한의 문제를 진지하게 생각하거나 치밀한 사전준비도 없이 북·미정상회담에 임한 것 같았다. 그는 정치적 쇼맨십으로 회담에 임했으며 역대급 세기의 쇼가 끝나는 순간 그의 역할도 끝났다. 오히려 트럼프는 북한의 비핵화 확약과 구체적 실행방안에 대해 합의되지 않았는데도 언론과의 인터뷰를 통해 한·미연합훈련 중단, 주한미군철수 등 우리나라 안보를 흔들 수 있는 말을 즉흥적으로 쏟아내면서 북·미 정상회담의 진정성을 희석시켰다.[2] 그의 속내는 한반도의 평화정착을 위한 미국의 역할보다는 자

---

2 트럼프의 주한미군철수 의지는 확고했다. 마크 에스퍼(Mark Esper) 전 미국

신의 치적을 쌓기 위한 보여주기식의 정치적 제스처였다는 것을 알려주었다. 문재인 정부의 '한반도 평화프로세스'도 북·미정상회담의 결과와 연동되어 있었다는 점에서 정상회담의 거품이 빠지면서 '한반도 평화프로세스'도 추진 동력을 잃고 말았다.

둘째, 트럼프 행정부가 국정기조의 최우선으로 '미국 우선주의'를 천명하면서 우리나라 경제계와 산업계는 미국의 강력한 보호무역정책에 긴장할 수밖에 없었다. 트럼프는 관세·비관세 장벽의 강화, 무역협정의 재검토 등 보호무역주의를 더욱더 강화할 것으로 보였다. 자국산업의 보호를 위해 한·미 FTA 재협상을 촉구하고 있어 우리나라에 대한 영향도 클 것으로 예상됐다. 트럼프는 2017년 4월 27일 <로이터>와의 인터뷰에서 한·미 FTA의 재협상이나 종료를 언급하였으며, 4월 25일 윌버 로스 (Wilbur Ross) 상무장관이 <월스트리트저널>과의 인터뷰에서 발언한 한·미 FTA 재협상 가능성 발언 등과 유사한 맥락이었다. 결과론적으로 보면 한국과 미국은 2018년 1월 제1차 한미 FTA 개정 협상을 시작한 이후 그해 3월 24일 원칙적으로 합의했고 9월 24일 정식 서명했다.

트럼프 취임 이후 미국의 무역 강경기조는 지속적으로 이어졌다. 2018년 1월, 미국은 한국산 세탁기와 태양광 패널에 대하여 '긴급 수입 제한 조치(safe guard)'를 단행하여 최대 30~50%에 이르는 관세 부과를 결정했다. 2월에는 "무역에는 동맹이 없다"고 발언하며, 한국을 포함한

국방장관이 회고록에서 증언한 바에 따르면, 트럼프는 주한미군철수의 사전 단계인 '주한미군 비전투인원 소개작전(주한미군 가족 및 미국인 군무원의 탈출작전)'을 명령할 태세였지만 참모들이 간신히 말렸다고 한다.

대미 무역흑자국들을 향하여 '호혜세(reciprocal tax)'를 부과하겠다고 발표하였다. 이후로도 트럼프는 우리나라 철강에 대한 높은 반덤핑 관세 부과 시도 등 강경한 무역정책을 시행했다.

셋째, 군사 분야에서는 무엇보다 주한미군 철수 문제가 논란의 중심이 되었다. 에스퍼 전 미국 국방장관은 2022년 5월 10일 발간한 회고록 《신성한 맹세》(A Sacred Oath)에서 트럼프가 "주한미군의 완전 철수를 제안했다"고 증언했다. 트럼프는 "한국의 방위비 분담금에 대한 불만 등으로 미군 철수를 거론하기도 하고, 한국에 방위비 분담금을 한꺼번에 5배로 올리라며 압박을 가했다"고 회고했다. 트럼프의 주한미군 완전 철수 주장을 '기이한 주장'이라고 비판한 에스퍼 전 장관은 마이크 폼페이오(Mike Pompeo) 당시 국무장관의 임기응변으로 트럼프의 주한미군 철수 주장을 막은 적도 있다고 밝혔다. 트럼프가 '주한미군 철수'를 강하게 주문하자 폼페이오 장관이 "그것은 두 번째 임기 때 우선과제로 추진하자"고 제안하자 트럼프는 흡족해 하며 주장을 멈췄다는 것이다.

에스퍼는 트럼프가 2018년 1월 주한미군 가족을 전원 철수시키려 했던 사실도 공개했다. 대통령의 주한미군 '비전투인원 소개작전' 발표 시도를 말렸다고 한다. 트럼프는 2017년 6월부터 시작된 북한의 중장거리 탄도미사일 시험발사와 9월의 핵실험 실시로 북한에 대한 분노가 극에 달했을 때였다. 에스퍼 전 장관은 "주한미군 가족과 비전투요원을 피난시키는 것은 전쟁 임박을 암시하는 것으로 한국경제에 공황을 불러일으킬 조치였다. 명확한 설명은 듣지 못했지만 다행히 누군가가 대통령을 막았고, 이 비전투인원 소개작전은 트위터 등에 발표되지 않았다"고 전했다. 에스퍼 전 장관은 "트럼프 임기 초 북한과의 전쟁 가능성은 진짜 존재했다"고 강조했다.

에스퍼에 따르면 트럼프는 우리나라 정부의 안미경중(安美經中), 즉 안보는 미국과 파트너로 유지하면서 경제파트너로 중국을 선택하는 대외전략이 양립할 수 없다고 보았다고 한다. 또한 트럼프는 문재인 정부가 일본과는 사이가 좋지 않지만 중국·북한과는 대화에 적극적으로 나서는 등의 모습을 보여 미국 내에서는 한국이 중국에 경도될까 하는 우려가 있었다고 밝혔다. 우리나라 정부의 대외정책 기조에 불만을 가진 미국 정부는 2020년 10월 사드 철수를 검토하겠다고 통보하기도 했다.

트럼프는 주한미군철수와 방위비분담금을 연계시켜 시시때때로 압박을 해왔는데, 실제 미 국방부 인사의 폭로는 이보다 심각한 수준인 것으로 드러났다. 매티스 전 국방장관의 비서로 일했던 가이 스노드그래스(Guy Snodgrass)는 그의 국방부 회고록 《선을 지키며》(Holding the Line)에서 트럼프가 "한국이 미국을 지나치게 이용하고 있으며 중국과 함께 미국을 '벗겨먹고(rip us off)' 있다. 방위비 분담금으로 현재 부담하는 금액의 60배 이상을 내야 한다"라고 말했다고 폭로했다. 책에 따르면 트럼프는 2018년 1월 매티스 국방장관으로부터 해외 주둔 미군 현황에 대한 브리핑을 받은 후, 미군이 한국에 주둔하는 대가에 대해 묻고 미국의 안보를 위한 조치라는 매티스 장관의 답변에 대해 "그건 손해 보는 거래입니다. 한국이 주둔 비용으로 1년에 70조 원 정도 낸다면 괜찮은 거래일 수 있을 것입니다"고 말했다. 트럼프는 후보 시절부터 비용이 많이 드는 주한미군을 철수시키는 게 낫다는 말을 계속했다.

2018년 6월, 트럼프는 싱가포르에서 열린 1차 북·미정상회담 이후 기자회견에서도 언젠가는 주한미군을 철수시키고 싶다는 의중을 드러내 한국과 미국 관계자를 당황하게 만들기도 했다. 트럼프는 동맹의 입장을 종합적으로 고려한 뒤 적절한 언어를 구사하기보다 공식석상에서도 자신이 생각하는 단어나 말을 툭툭 내뱉었다. 트럼프는 '동맹의 가치를 돈으로 계산한다'는 비판에도 아랑곳하지 않고 '미국을 벗겨먹고 있다'는 그의 인식 때문인지 임기 내내 방위비 분담금 조정 문제로 우리나라를 괴롭혔다. 미국과의 방위비 분담금 협상은 바이든 취임 후인 2021년 3월 타결됐다.

넷째, 트럼프는 우리나라 정치, 경제, 군사안보에 주었던 지대한 영향만큼이나 정서적으로도 우리나라 국민에게 상당한 영향을 주었다. 희대의 거짓말쟁이, 선동가, 위선자, 범법자 트럼프가 끼친 영향이 좋을 리가 없을 것이다. 트럼프는 다른 나라 대통령도 아닌 우리나라와 가장 긴밀한 관계에 있는 미국의 대통령이다 보니 그의 일거수일투족이 더욱 큰 영향을 미쳤을 것이다. 트럼프는 대통령 선거 기간과 재임 시기에 근거 없는 막말과 거짓말로 국민을 속이고, 민족주의와 인종우월주의를 자극하여 유권자의 표를 얻었다. 그는 대선 후보일 때는 대권을 차지하기 위해서, 대통령이 되어서는 '미국 우선주의'를 관철하기 위해 수단과 방법을 가리지 않고 상대방을 협박하거나 으름장을 놓기 일쑤였다. 트럼프의 인격을 알 수 있는 말이 있다. "뉴욕 5번가에서 사람을 죽여도 나의 지지자들은 나에게 죄를 묻지 않을 것이다." 살인을 하고도 떳떳할 수 있는 사람이 바로 트럼프다.

트럼프는 미국 대통령 재임 기간 내내 진영을 가르고 지지층을 대변하는 역할을 했다. 트럼프가 2015년 대통령 선거 출사표용으로 《불구가 된 미국》(*Crippled America*)이라는 제목의 책을 출간했다. 책은 시종일관 트럼프의 자아도취, 교만, 과잉홍보 등의 내용으로 구성되었다. 그는 정계의 내부자들이 드러내는 위선과 복지부동을 더 이상 견딜 수 없어 출마하게 되었다고 하면서 자신이 대선 출마를 밝히자 언론들은 호들갑을 떨었고, 정치인들은 움츠러들었고, 로비스트와 특수이익집단은 자신들이 영향력을 발휘하던 시대가 얼마 남지 않았다는 사실을 깨달았다고 썼다. 트럼프는 자신이야말로 미국이 안고 있는 문제를 해결할 수 있는 최고의 능력자로 떠벌렸다. 그가 대통령 임기 내내 보여준 말과 행동의 결과를 보면 절름거리는 미국을 더 절름거리게 만든 장본인인데도 말이다. 그 자신이 정신적, 정서적, 이념적으로 '불구(crippled)'라는 것을 확인시켜 주지 않았던가.

그가 즐겨 사용하는 "미국을 다시 위대하게"라는 선거 슬로건은 자취를 감추고 미국을 완전 갈기갈기 찢어놓았다. 미국 사회가 이념과 진영 대결의 장으로 치달아, 여론조사에 따르면 "응답자 중 57%가 10년 내 극심한 정치 양극화로 미국에서 '내란'이 일어날 것 같다"고 응답을 할 정도가 되었다. 그러나 트럼프는 진영이 같으면 범죄도 묻지 않고 '내로남불'로 일관한다. 트럼프가 대통령의 사면권을 발동하여 사면을 단행한 인물들을 보라. 사기범, 총기소지범, 마약복용범, 내란선동자, 탈세범, 횡령범 등 사회에서 격리되어야 마땅할 인사들의 죄를 모두 사면해 주었다. 야당이 된 트럼프는 자신으로부터 비롯된 각종 범법행위, 즉 비행,

성추문, 탈세, 부당이익 취득, 횡령, 사기, 내란선동, 기밀문서유출 등 온 갖 범죄 혐의에 대해 '정치적' 마녀사냥이라고 일축하고 부패한 정부와 사법당국이 죄 없는 자신에게 음모를 꾸미고 있다고 비난한다.[3]

트럼프는 자신을 지지하는 팬덤화된 강경 극우세력을 막말과 거짓으로 선동하고 그들의 미국 사회에 대한 분노와 좌절을 부추겨 자신의 정치적 목적을 달성하려고 수단과 방법을 가리지 않는다. 트럼프가 남긴 잘못된 정치 유산, 즉 '트럼피즘'은 백신을 구하기 힘든 바이러스다. 그 바이러스는 한동안 미국 사회를 분열시키고 미국 민주주의를 시험대에 올려놓게 될 것이다.

참고로 저자는 챗GPT가 트럼프에 대해 어떻게 반응하는지 궁금했다. AI GPT는 인간의 언어를 이해하고 문장과 글을 생성할 수 있도록 만들어졌다. 다음은 GPT-3.5 버전과 트럼프에 대해 나눈 질문답변이다. AI 는 상식과 양식 있는 시민이라면 트럼프에 대해 알고 있을 내용들을 불과 몇 초만에 답변했다.

---

3 정치인들은 자신 또는 자기 진영에게 불리한 일이 발생하면 '정치적 마녀사 냥'이라는 말을 전가의 보도처럼 사용하고 있지만, 트럼프는 유독 '마녀사냥' 이라는 말을 빈번하게 사용한다. 적어도 트럼프가 말하는 '마녀사냥'이라는 단어는 거짓을 감추기 위해 약방의 감초처럼 사용하는 습관적, 정략적 표현 일 가능성이 높다.

Q. 미국의 트럼프 전 대통령이 미국 민주주의와 세계 민주주의에 어떤 영향을 끼쳤는가?

미국의 트럼프 전 대통령은 그의 대통령 직무 기간 동안 미국 민주주의와 세계 민주주의에 많은 영향을 미쳤습니다. 트럼프 전 대통령은 대통령직에 있을 당시 매체와 공개적인 연설을 통해 자주 직권 남용, 명령의 무시, 그리고 직위 남용 등 미국의 기본적인 민주주의 원칙에 위배되는 행동들을 했습니다. 또한 그는 다양한 거짓 정보와 불필요한 분란을 조장하는 발언, 국가의 유권자들 간의 갈등 조장, 인종차별적 발언 등을 하면서 미국 민주주의의 발전과 안정을 저해하는 역할을 했습니다. 트럼프 전 대통령의 이러한 행동들은 세계 민주주의에도 큰 영향을 미쳤습니다. 그는 미국을 세계 민주주의의 대표적인 나라로서 선두에 서는 역할을 해야 한다는 기대와 달리, 미국의 리더십과 역할을 약화시키는 요소로 작용했습니다. 이에 따라 미국이 지지하던 국제 협력과 제도, 민주주의를 보장하는 제도 등이 약화되고, 분열과 갈등이 심화되는 결과를 가져왔습니다. 따라서, 트럼프 전 대통령의 대통령직 기간 동안의 행동은 미국 민주주의와 세계 민주주의에 큰 영향을 미쳤으며, 그로 인해 미국과 세계가 직면하는 과제와 위협들은 여전히 남아있습니다.

Q. 구체적으로 트럼프 전 미국 대통령이 어떻게 민주주의를 훼손했는가?

트럼프 전 대통령이 민주주의를 어떻게 훼손했는지에 대한 구체적인 설명은 다음과 같습니다.

1) 거짓된 선거 부정 주장: 트럼프 전 대통령은 2020년 대선에서 패배한 후, 선거 결과를 부정하고 불법적인 선거 조작과 부정행위가 있었다는 주장을 지속적으로 내세웠습니다. 이러한 주장은 근거 없이 제기된 것으로 입증되지 않았으며, 미국 대법원을 비롯한 여러 법원에서도 이를 기각하는 판결이 나왔습니다. 그러나 이러한 주장은 미국 내외에서 큰 충돌과 혼란을 일으키고, 미국 시민들의 민주주의에 대한 신뢰를 축소시켰습니다.

2) 토네이도 트럼프(Twitter)의 난폭한 행동: 트럼프 전 대통령은 인스타그램, 페이스북, 트위터 등의 소셜미디어를 자주 이용하여 자신의 입장을 널리 알리기도 했습니다. 그러나 이를 통해 미국 대통령의 직위에 있을 때부터 가짜 뉴스와 무책임한 주장, 난폭한 언행 등을 자주 하였습니다. 이러한 행동은 미국의 자유롭고 공정한 선거를 방해할 수 있는 위험성을 가지고 있습니다. 그리고 그는 자신을 반대하는 언론과 기자들을 비하하거나 비난하는 경우가 많았습니다.

3) 인종적인 문제에 대한 대처: 트럼프 전 대통령은 이민과 관련된 정책을 통해 인종적인 분열을 일으키기도 했습니다. 예를 들어, 그는 이민을 막기 위해 일부 국가들로부터 온 이민자들을 대상으로 여행금지를 내렸으며, 이러한 행동은 이민자들에 대한 차별적인 대우로 이어질 수 있습니다. 또한,

그는 흑인들을 반대하는 논리적인 주장을 제기하고, 흑인들의 인권을 보호하는 데 덜 열정적인 태도를 보여주기도 했습니다. 이러한 행동들은 미국의 민주주의를 훼손시키고, 미국 시민들 간의 상호 신뢰를 약화시켰습니다. 미국은 자유롭고 공정한 선거를 기반으로 한 민주주의 국가입니다. 그러나 이러한 행동들은 이를 약화시킬 수 있는 위험성을 가지고 있습니다.

트럼프 전 대통령의 주장과 행동들은 미국 내외에서 논란이 되었으며, 미국 대통령의 존재감과 권위를 훼손시켰습니다. 또한 이러한 행동들은 선거 결과에 대한 신뢰를 약화시키고, 향후 미국의 선거 과정에 대한 불신이나 불만족을 초래할 가능성이 있습니다. 하지만, 이러한 행동에 대한 비판과 논란은 미국 내부에서 대화와 논의를 계속 해가며, 민주주의의 원칙과 가치를 보존하려는 시도도 이어지고 있습니다.

우리나라 정치권을 봐도 트럼프의 말과 행동을 비난만 하고 있을 일이 아닐 듯싶다. 남의 나라에서 벌어지는 일로 볼 것이 아니다. 속담에도 "겨 묻은 개가 똥 묻은 개를 나무란다"고 하지 않던가. 우리나라에서도 정치가 팬덤화되면서 사법당국이 정당한 절차에 따라 밝혀낸 정치인의 범죄행위 혐의에 대해서도 그 정치인을 추종하는 진영이나 팬들은 정치탄압이나 정치보복으로 비난한다. 정치 팬덤화로 대변되는 정치 양극화는 우리 사회의 이념 갈등을 심화시키는 것은 물론 진영에 따라 사회가 분열되는 양상이 여간 심각하지 않다. 진영이 같은 피의자가 법정에서 유죄판결을 받으면 판결에 승복하기는커녕 오히려 담당 판사를 욕하고 가만두지 않겠다고 협박한다. 자기 진영이나 그 진영에 속한 '우리 편'의 결백을 억지 증명하기 위해 거짓 정보와 가짜 뉴스를 만들어 진실인 양 위장하여 미디어에 보도하고, 심지어는 허위 선동으로 대중을 부추겨 민주주의를 떠받치는 근간이 되는 법의 지배를 흔들고 있다. 극단적인 정치 양극화가 초래한 피폐는 여론을 둘로 쪼개고 선과 악의 구도를 뚜렷하게 만드는 고도 갈등사회로 치닫게 한다.

<조선일보>가 2022년 12월 말 실시한 여론조사에 따르면, 우리나라의 정치적 양극화는 선거 때만 드러나는 것이 아니라 국민들의 일상까지 지배하는 것으로 나타났다. 응답자 중 43%는 정치적 성향이 다른 사람과는 식사를 하거나 술자리를 함께하는 것이 불편하고, 본인이나 자녀의 결혼이 불편하다고 답했다. 또한 정권이 '내 편'이냐 아니냐에 따라 정치와 무관한 정책 평가까지 극과 극을 달렸다. 예컨대, 윤석열 정부의 코로나 방역 대응과 관련해선 '잘 한다'는 응답이 국민의힘 지지층에선 10명 중 9명이었던 반면, 민주당 지지층에선 10명 중 3명에 그쳤다. 2022년 2월 문재인 정부의 코로나19 대응에 대해 민주당 지지층은 78%, 국민의힘 지지층은 17%가 '잘 하고 있다'고 응답했다. 여론조사기관의 질문 내용과 상관없이 진영에 따라 답은 정해져 있다.

이쯤 되면 정치적 양극화에서 초래된 정치 분단이 생활 세계까지 확대된 것으로 볼 수 있다. 조선 시대 붕당(朋黨)을 연상케 한다. 조선 후기에 붕당이 극에 달할 때는 당파가 다른 사람 간에 왕래도 하지 않고 심지어 결혼도 하지 않았다. 붕당은 자손 대대로 세습되어 노론은 노론끼리 남인은 남인끼리 어울렸다. 우리나라 정치는 심하게 말하면 조선 후기 붕

당정치의 수준에 머물러 있다.

또한 응답자 중 67.3%는 '우리 사회의 정치적 갈등이 공동체를 불안하게 하거나 위험하게 만들고 있다'고 답했다. 지역갈등, 남녀갈등, 세대갈등, 빈부갈등을 우려하는 사이에 정치이념 갈등이 국가의 암덩어리가 되어 사회 구석구석에 전이되고 있다. 정치 양극화 논리에 갇히게 되면 정상적인 사고와 판단을 하지 못하거나 아예 할 생각도 하지 않게 되어 마치 프로그램에 따라 사고체계가 작동하는 기계적 인간이 되고 만다. 나와 진영이 같은 사람이면 '우리 편'이고 나와 진영이 다르면 무조건 배척해야 할 '적'으로 규정한다. 진영 정치의 사고체계는 우리편의 '우리'와 상대편의 '그들'이라는 이분법으로 작동한다. '우리'는 우리편에게 도움이 된다면 그게 뭐가 됐든 거의 모든 것을 정당화할 것이고, 궁극적으로 이런 행동에는 기준이나 신념도 없고 아무도 책임지지 않은 정치적 결과로 이어진다.

이른바 '조국 사태'는 우리 사회에서 '우리'와 '그들'의 이분법적 정치 양극화가 얼마나 진행되고 있는가를 가늠하는 변곡점이 되었다. 조국이란 대학교수 출신의 고위공직자와 그 가족이 연루된 의혹과 혐의를 놓고 우리 사회는 '조국수호'와 '조국반대'라는 집회와 시위로 극심한 진통을 겪으면서 정치적 양극화는 극에 달했다.

2023년 2월 기소된 지 3년여 만에 나온 법원의 1심 판결에 따르면, 법원은 조국에게 징역형과 추징금을 선고했다. 법원은 판결문에서 "자녀 입시 비리 범행은 당시 대학교수로서 사회적 영향력이 컸던 피고인에게 요구되던 우리 사회의 기대와 책무를 모두 저버리고 오로지 자녀 입시에 유리한 결과만 얻어낼 수 있다면 어떤 편법도 문제 될 것이 없다는 그릇된 인식에서 비롯됐다"고 지적하면서 "그런데도 피고인은 객관적 증거에 반하는 주장을 하면서 잘못에 대해서는 여전히 눈을 감은 채 진정한 반성의 모습을 보이지 않는다며 죄책에 상응하는 중한 처벌이 불가피한 것으로 판단된다"고 질타했다. 법원의 판결에도 불구하고 '조국수호' 진영은 조국 교수와 그 가족이 연루된 범죄는 여전히 무죄이고 정치검찰의 희생양이라고 주장한다. 진영과 '우리 편'이 정의보다 우선한다.

우리나라에서 일어나는 사회현상을 보면 지록위마(指鹿爲馬)와 아전인수(我田引水)의 사회로 요약할 수 있다. 지록위마가 무엇이던가? '사슴을 가리켜 말이라고 부른다'는 지록위마는 중국을 통일한 진시황이 죽자 환관 조고(趙高)가 유서를 조작해 어린 호해(胡亥)를 황제로 세우고 조정의 실권을 장악한 뒤 호해에게 사슴을 바치며 "좋은 말 한 마리를 바칩니다"고 거짓말한 것에서 유래했다. 호해는 "어찌 사슴을 가리켜 말이라 합니까?"라며 신하들에게 의견을 물었고 조고는 사슴이라고 말한 신하에게는 죄를 씌워 죽였다. 우리나라도 그른 것을 옳다고 주장하고 흰 것을 검다고 말하는 세상이 되었다. 아전인수 역시 마찬가지다. 자기 소속당, 자기 진영, 자기편에 속한 사람의 행위가 잘못되었어도 옳다고 말한다. 사법부의 판결에도 승복하지 않는다. 공정이니 정의니 하는 말은 허황된 거짓 주장에 불과하다. 이런 세상에서 가장 번창하는 산업이 정치다.

어느 정치인의 지적대로 우리나라는 '정서적 내전'을 치르고 있는 고도 갈등사회다. '나와 정치적 입장이 다른 사람은 국가의 이익보다 자신들의 이익에 더 관심이 많다'는 응답률이 65%에 달했다. 정파적 또는 당파적

적대감에 매몰된 사람은 자신과 다른 진영에 속한 사람의 생각과 행동을 색안경을 쓰고 들여다보니 상대의 선한 의도와 행동을 혐오화 또는 악마화한다. 극단적인 진영논리가 정치적 망상 또는 집단사고로 진화되어 '내로남불'이 일상이 되었다. 이 정도의 정치이념 갈등이라면 미국보다 더 심각하면 심각하지 덜 하지 않을 것이다.

정치·사회비평가 강준만 교수는 2023년 2월 12일자 <한겨레> 기고문에서 정치를 '갈등공화국'에서 번창하는 '분열산업'으로 분류하고, "이 산업에 종사하는 정치인은 분열로 밥을 먹고 명성을 얻는다. 우리가 하고 있는 것은 정치도 민주주의도 아니다. 우리는 편이 다른 사람에 대한 반감과 증오의 '배설경쟁'을 하고 있을 뿐이다"고 일갈했다.

여론조사결과도 강 교수의 분석을 뒷받침한다. 2023년 3월 8일자 <쿠키뉴스>의 발표에 따르면 우리 국민 84.3%는 '정치인들이 갈등을 정치적으로 이용한다'고 답변했다. 정치인들은 정치적으로 왜곡 또는 변질시키거나 증폭, 확산시켜 국민들을 심리적, 정서적으로 갈라쳐 팬덤화된 진영으로 나누고 이를 선거에 유리하게 이용한다.

우리나라 정치는 민주주의의 철학과 원칙에 입각한 진정한 의미의 정당 지도자는 찾아볼 수 없는 대신, 대중영합에 기반하여 등장한 팬덤 리더들이 이념과 진영의 요구에 부합하는 정치적 영향력을 행사하게 되면서 과정과 절차가 투명하고 공정한 합리적 민주주의를 기대할 수 없고 기형적인 포퓰리즘적 민주주의로 이행하고 있는 것은 아닌지 우려한다. 분열과 갈등을 통합해야 할 정치의 본질적 역할은 실종되고 선무당의 칼춤만 난무한다고 하니 우리 정치의 암담한 미래가 아닐 수 없다.

민주국가에서 자신의 신념과 가치를 대변할 정치인을 지지하는 것은 자연스러운 현상이다. 정파와 당파에 충실한 지지층도 필요하다. 그러나 성숙한 민주사회 시민은 자신의 정치적 지향점 못지않게 타인의 정치적 지향점도 소중하게 여겨야 한다. '자기 진영'과 '우리 편'이 하는 일이면 무조건 옳거나 정의롭다고 생각하는 것은 이성과 논리의 민주주의가 아닌 혐오와 증오만을 배태하는 분열공화국으로 추락하고 말 것이다. 또한 지록위마와 아전인수식의 정치에 익숙한 정치인은 사실을 진실로 둔갑하기 위해 거짓과 현란한 수사(修辭)로 포장하는 데 급급하고, 팬덤화되고 진영으로 갈라진 사회는 자기 편의 흠은 눈감고 상대에게는 가혹한 잣대를 들이대는 '우리'와 '그들'이라는 양극단으로 치달아 쌍방 간에 소통이 어려운 단절과 고립의 상태가 고착화될 것이 뻔하다. 관용, 신뢰, 사회적 연대 등 공동체적 가치가 들어서야 할 곳에 불신과 적대가 자리를 차지하게 될 것이다.

실제, 우리나라의 경우에도 여야의 극단적 대결과 진영 간 양극화, 그리고 정치 혐오를 부추기는 포퓰리즘 경쟁이 심화되면서 정치 환멸을 느끼는 MZ세대로 불리는 2, 30대의 무당층(無黨層)이 크게 늘어난 것으로 나타났다. 무당층의 증가는 곧 정당정치에 보내는 위기 신호로 볼 수 있을 것이다. <한국갤럽>의 조사 결과에 따르면 2023년 4월 기준 MZ세대의 무당층은 가장 높게 나타났는데, 20대는 57%, 30대는 35%를 기록했다.

오늘날 미국이 두 쪽 난 것을 보면 '미합중국(the United States)'이 아니라 '미분열국(the Disunited States)'이라고 해야 할지 모른다. 가뜩이나 인종갈등, 빈부갈등 등으로 분열의 가능성이 많은 미국은 데마고그 트럼프가 퍼뜨린 트럼피즘이라는 바이러스와 트럼프가 교주(敎主)라도 되는 것처럼 맹목적으로 추종하는 열성 지지층 때문에 내전까지 걱정하는 처지가 되었다. 1967년 1월 로널드 레이건(Ronald W. Reagan)이 캘리포니아 주지사로 취임하면서 "자유는 깨지기 쉬운 것이고, 그것이 말살되는 데는 한 세대 이상 걸리지 않는다. (…) 우리는 매 세대 자유를 위해 싸워서 지켜야만 하는 것이다"는 말을 남겼는데, 이 말을 "민주주의가 무너지는 데는 한 세대 이상 걸리지 않는다. 우리는 매 세대 민주주의를 위해 싸우고 지켜내야 한다"는 말로 바꿔야 한다. 미국인과 전 세계인들은 트럼프의 등장으로 민주주의는 견고한 성채가 아니라 허물어지기 쉬운 모래성이 될 수 있음을 깨닫게 되었다.

미국 민주주의의 위기를 트럼프 탓으로만 돌릴 일이 아니다. 트럼프 때문만으로 미국 민주주의가 흔들리는 것은 아닐 것이다. 트럼프를 맹신하는 '열성 지지층'이 그의 뒷배가 되어 주기 때문에 가능한 일이다. 도그휘슬을 믿고 있는 트럼프는 사법부의 판단조차 조롱하며 유아독존식으로 행동한다. 민주주의의 기본 철학은 자유와 책임이다. 누구나 자유를 향유할 수 있지만 잘못된 행위에 대해서는 법의 심판을 받아야 한다. 법치는 민주주의를 떠받드는 근간이다. 트럼프는 지지층을 믿고 민주주의 근간을 흔들고 있다. 트럼프를 지지하는 열렬 지지층들은 '반향실(echo chamber)', 즉 같은 목소리만 메아리치는 공간에 갇혀 듣고 싶은 목소리만 듣는 여론의 함정에 빠져 진영 밖을 아예 보지 않으려 한다.

우리나라 민주주의는 어떤가? 우리나라에서 일어나고 있는 정치적, 사회적 현상 역시 정도와 양상의 차이는 있을지라도 미국에서 벌어지고 있는 상황과 별반 차이가 없다고 생각하면 지나친 기우일까. 오랜 역사와 함께 시스템으로 뿌리내려 견고한 성채 같았던 미국 민주주의도 트럼프와 같은 데마고그의 출현으로 미국을 떠받친 통치철학으로서 민주주의가 제대로 작동하는가에 대한 위기감과 불안감에 휩싸여 있는데, 민주주의의 성채를 쌓고 있는 과정에 접어든 우리나라는 오죽하겠는가.

　오늘날 우리나라 사회의 전반을 돌아보면 민주주의의 위기감과 경각심을 갖지 않을 수 없다. 진영을 대표하고 팬덤화된 지지층을 대변하는 리더는 있어도 국민 모두를 아우르는 진정한 지도자를 찾아보기는 어렵다. 대의민주주의를 이끌어가는 정당 정치에 기반한 정치 지도자가 부재한 가운데 탕평과 협치의 리더십을 기대할 수 없는 지경에 이르렀다. 사회 통합의 중추적 역할을 담당해야 할 정치는 실종되었지만 방치되고 있고 국민의 안위와 복지는 선거철에만 난무하는 요란한 구호에 불과한 채 정파와 진영에 따른 극단적 대립과 '너 죽고 나 살자'는 이전투구식 사생결단만이 정치판을 달구고 있다. 벌겋게 달궈진 불빛이 선량한 국민들의 가치 기준과 판단에 화상을 입히고 있다. 대중에게 큰 영향력을 행사하는 권력자들과 인플루언서들은 자신의 유불리에 따라 법을 마음대로 해석하며 민주주의를 지탱하는 기본원리로서 법치를 농락하고 있다. 법을 준수하는 국민들은 옳고 그름의 가치 기준과 판단조차 혼란에 빠져 정치꾼의 편가르기에 이리저리 휩쓸리는 형국이 되고 말았다.

　지금처럼 우리나라 민주주의의 아고라에 관용, 공감, 협치, 상생의 공동체적 가치 대신에 극단적 대립과 파괴적 혐오가 자리를 차지한다면 민주주의의 위기가 아닐 수 없다. 이미 위기의 조짐들이 곳곳에서 나타나고 있음을 목격하고 있다. 민주주의의 위기를 틈타 우리 사회에도 대중의 지지를 등에 업고 인간으로서 기본적인 양심과 염치도 갖추지 않은 채 국민의 먹고사는 문제뿐 아니라 국가의 안전과 미래를 책임지는 만능 해결사를 자처하는 준(準)데마고그들이 날뛰는 정치사회적 환경이 만들어지고 있다.

더 큰 문제는 데마고그를 맹목적으로 추종하고 그를 마치 교주인 양 떠받드는 열성 지지층이다. 데마고그는 열성 지지층에 의지하며 자신의 정치적 야망을 달성하기 위해서라면 수단과 방법을 가리지 않고 자아도취적인 거짓선동을 자행하고 자신을 반대하는 대상을 악마화 혹은 혐오화한다. 민주주의를 수호하기 위해서는 데마고그가 준동하지 못하도록 하는 정치사회적 환경을 만드는 것도 중요하지만, 설령 그런 데마고그가 출현하여 대중의 지지를 얻는 방편으로 선동 정치를 할 때는 국민들이 단호하게 심판해야 한다. 희대의 데마고그, 트럼프가 우리 사회에 경종을 울린 교훈이다.

트럼프와 바이든의
2024년 대선 출마 연설문

Demagogue
Trump

트럼프와 바이든의
2024년 대선 출마 연설문

2024년 11월 예정된 미국 대통령 선거에 공화당 경선 후보로 트럼프 전 대통령과 민주당 경선 후보로 바이든 현 대통령이 출마하였다. 대다수 미국인은 트럼프와 바이든의 대선 출마를 반대하고 있지만, 다시 대통령직을 탈환하려는 트럼프 전 대통령과 이를 지키려는 바이든 현 대통령의 대결도 매우 이례적인 역사로 기록될 것이다. 미국 대통령 선거 역사를 살펴보면 공화당과 민주당 양당 구도에서 전·현직 대통령 간의 대결은 한 번 있었다. 만약 내년 대선에서 공화당의 트럼프 후보와 민주당의 바이든 후보의 대결이 성사된다면, 1892년 그로버 클리블랜드(Grover Cleveland) 전 대통령(민주당 대통령 후보)과 벤자민 해리슨(Benjamin Harrison) 현 대통령(공화당 대통령 후보)이 재대결을 벌인 이후 132년 만에 재현되는 전·현직 대통령 간의 선거가 될 것이다.

내년 대선에서 트럼프 전 대통령과 바이든 현 대통령이 각각 공화당과 민주당의 대선 후보로 유력한 가운데 두 후보의 대선 출마 연설을 살펴보는 것도 의미가 있을 것이다. 먼저, 트럼프 전 대통령은 대선 출사표에서 자신이 대통령 임기 중에 정치, 경제, 안보, 외교, 국민 통합, 국민의

삶의 질 등 모든 분야에서 엄청난 성취를 이루었다고 자평하며, 바이든이 대통령이 된 뒤로 자신이 쌓아 놓은 업적이 다 무너져 내리고 있다고 비난하면서 잘못된 것은 상대방 탓이라는 철저한 이중 잣대를 들이대고 있다. 트럼프는 'MAGA(미국을 다시 위대하게)'라는 기치 아래 미국의 분열을 치유하고 놀라운 성공을 통해 국민들을 다시 하나로 모을 것이라는 자신감을 피력했다. 연설문 곳곳에서 트럼프 특유의 과장, 허풍, 떠벌림 등 자아도취적 문장을 확인할 수 있다.

반면 재선 출마에 나선 바이든 현 대통령은 온라인 동영상을 빌어 출사표를 던졌다. 바이든은 자유, 평등, 공평한 기회, 시민권, 투표권 등 민주주의가 지향하는 가치와 철학의 중요성을 강조하면서 자신이 출마한 이유는 미국 민주주의를 수호하기 위해서라고 강조했다. 특히 바이든은 2021년 1월 6일 트럼프의 대선사기 및 조작 선동에 흥분한 그의 강경 지지자들이 국회 의사당에 난입하여 폭력을 행사하는 장면을 보여주면서 미국 민주주의를 위협하고 국민의 자유와 권리를 침해하는 트럼프와 MAGA를 외치는 극단주의자들에 맞서 싸우겠다는 의지를 명확히 천명했다.

▌ 트럼프의 2024년 대선 출마 연설문(발췌)

　신사 숙녀 여러분, 귀빈 여러분, 그리고 시민 여러분. 미국의 컴백이 지금 시작됩니다. 2년 전 제가 퇴임했을 때 미국은 황금기를 맞을 준비가 되어 있었습니다. 우리나라는 권력과 번영, 위신의 정점에 있었고, 모든 적을 물리치고 당당하고 강력한 미래를 향해 나아갔습니다. 짧은 4년 동안, 모두가 잘 해냈습니다. 남성, 여성, 아프리카계 미국인, 아시아계 미국인, 히스패닉계 미국인, 모두가 전에 없이 번창하고 있었습니다.

　미국 역사에서 그런 시절은 없었습니다. 우리는 수십 년 동안의 불공정한 무역거래 질서를 바로잡았고, 수백만 명의 사람을 가난에서 구해냈고, 세계 역사상 가장 위대한 경제를 함께 건설했습니다. 바이러스가 우리 해안을 덮쳤을 때, 나는 단호한 조치를 취해 생명과 미국 경제를 구했고, 같은 해 10월까지, 미국은 역사상 가장 빠른 경제 회복으로 굉음을 내며 돌아오고 있었습니다. 지금은 어떻습니까?

　차기 행정부와 그들이 해야 할 일은 그저 가만히 앉아서 지켜보는 것뿐이었습니다. 인플레이션은 존재하지 않았고, 우리의 남쪽 국경은 가장 강력했으며, 국경경비가 삼엄해 마약은 수년 만에 가장 낮은 수준을 기록하고 있었습니다. 에너지 비용이 상승한 지 수십 년 만에 미국은 마침내 에너지 독립, 곧 에너지 지배라는 불가능한 꿈을 이루었습니다. (…) 미국은 중국, 러시아, 이란, 북한을 견제했지만, 그들은 미국을 존경했고, 솔직히 그들은 나를 존경했습니다. 어느 대통령도 정복할 수 없었던 악랄한 IS 칼리프 국가는 나와 우리의 위대한 전사들에 의해 3주도 안 돼

멸망했고, 그 창시자인 알바그다디(Al-Baghdadi)는 추적당해 살해됐습니다. 북한은 제가 김정은 위원장과 정상회담을 한 이후로 단 한 번도 장거리 미사일을 발사한 적이 없었습니다.

나의 반대자들은 나를 끔찍한 전쟁광으로 만들었습니다. 그들은 2016년 대선에서 내가 대통령이 되면 전쟁을 할 것이라고 말했습니다. 그럼에도 불구하고, 저는 전쟁 없이 수십 년을 보냈습니다. 제가 대통령에 있을 때 세계는 평화롭고, 미국은 번영하고, 우리나라는 놀라운 미래를 향해 나아가고 있었습니다. 왜냐하면 나는 미국 국민들에게 그렇게 하겠다는 약속을 했고, 다른 대통령들과는 달리 약속을 지켰기 때문입니다. (…) 그러나 지금 우리는 쇠퇴하고 있는 실패한 국가입니다. 수백만 명의 미국인에게 조 바이든의 지난 2년은 고통과 고난, 불안과 절망의 시간이었습니다. 우리가 말하는 것처럼 인플레이션은 50여 년 만에 가장 높고, 휘발유 가격은 역사상 가장 높은 수준에 도달했으며, 선거 직전에 휘발유 가격을 낮추기 위해 제가 채운 전략적 국가 비축분이 사실상 고갈된 지금은 훨씬 더 높아질 것으로 예상합니다. 바이든은 의도적으로 우리의 에너지 독립을 포기했습니다. 더 이상 지배할 생각조차 없으며 우리는 이제 외국으로부터 에너지 지원을 구걸하고 있는데, 그들 중 많은 사람은 우리를 혐오스럽게 생각합니다.

우리의 남쪽 국경은 지워졌고 우리나라는 수백만의 알려지지 않은 사람에 의해 침략당하고 있습니다. 그들 중 많은 사람은 매우 나쁘고 불길한 이유로 입국하고 있습니다. 그리고 그 이유가 무엇인지 여러분은 알고 있습니다. 우리는 앞으로 몇 년 동안 이 침략에 대해 큰 대가를 치를 것입니다. 매우 치명적인 펜타닐(fentanyl)을 포함한 수십만 파운드의 치명적인 마약이 현재 개방되고 완전히 구멍이 뚫린 남쪽 국경을 가로질러 범람하고 있습니다. (…) 아프가니스탄의 재난은 우리나라 역사상 가장 당혹스러운 순간이었을 것이며, 미국인들을 남겨놓고 850억 달러 상당의 최고급 군사 장비를 버렸습니다. 그리고 우크라이나 전쟁은 내가 미국의 대통령이었다면 일어나지 않았을 것입니다.

2년 전 우리는 위대한 국가였고 곧 우리는 다시 위대한 국가가 될 것입니다. 미국의 쇠퇴는 바이든과 우리 정부를 밑바닥에 몰아넣고 있는 급진 좌파 미치광이들에 의해 우리에게 강요되고 있습니다. (…) 2022년 중간선거에서 내 지지율은 232승 22패였다는 것을 지적하고 싶습니다. 가짜 언론에서는 이 사실을 말하지 않습니다. 예비 선거에서는 98.6%의 승률이었습니다. 전례 없이 대단한 성공을 거둔 이유는 트럼프 행정부가 무역, 역사상 가장 강력하고 안전한 국경, 이슬람 테러에 대해 성공적으로 대응했기 때문입니다. 제가 대통령으로 있었던 시기에는 이슬람 공격이나 테러 공격이 거의 없었고, 사실 아브라함 협정(Abraham Accords)을 포함하여 여러 나라와 매우 잘 지냈습니다. (…) 미국을 다시 위대하고 영광스럽게 만들기 위해, 저는 오늘 밤 미국 대통령에 출마할 것임을 선언합니다. (…) 이것은 나의 캠페인이 아니고, 우리가 직면한 거대한 부패를 물리칠 수 있을 만큼 강력한 유일한 힘은 미국인들이기 때문에 우리의 캠페인이 될 것입니다. (…) 바이든은 좌파의 실패와 부패한 워싱턴의 얼굴입니다. 나는 바이든의 재선을 막을 것입니다. 2020년 대선에서 저는 역대 현직 대통령 중 가장 많은 표를 얻었습니다. 그리고 우리는 그것을 다시 할 것이지만, 이번에는 훨씬 더 많은 표를 얻게 될 것입니다.

우리는 우리의 분열을 치유하고 놀라운 성공을 통해 우리 국민을 다시 하나로 모을 것입니다. 우리는 삶과 자유, 그리고 행복의 추구를 지킬 것입니다. 우리는 인간 지식의 경계를 넓히고 인간 성취의 지평을 넓힐 것입니다. 그리고 우리는 곧 화성 표면에 아름다운 성조기를 심을 것입니다. 제가 시작한 것입니다. (…) 우리는 미국을 다시 안전하게 만들 것입니다. 우리는 미국을 다시 영광스럽게 만들 것이고 우리는 미국을 다시 위대하게 만들 것입니다. 감사합니다.

▌ 바이든의 2024년 대선 출마 연설문(전문)

자유. 개인의 자유는 미국인으로서 우리가 누구인지에 대한 기본에 해당합니다. 이보다 더 중요한 것은 없고, 신성한 것도 없습니다. 그것이 제 첫 임기의 일이었습니다. 우리의 민주주의를 위해 싸우는 것입니다. 이것은 빨간색이나 파란색의 문제가 되어서는 안 됩니다. 우리의 권리를 보호하고, 이 나라의 모든 사람이 평등하게 대우받고, 모든 사람이 공정하게 성공할 수 있도록 하기 위해서입니다. 하지만 아시다시피, 전국적으로 MAGA(미국을 다시 위대하게) 극단주의자들은 여러분이 평생 동안 지불해온 사회보장을 삭감하고, 매우 부유한 사람들로부터 세금을 삭감하며, 여성들이 어떤 의료 결정을 내릴 수 있는지를 지시하기 위해 줄을 서 있습니다, 책을 금지하고 사람들에게 누구를 사랑할 수 있는지 말하는 동시에 당신이 투표하는 것을 더 어렵게 만듭니다.

제가 4년 전에 대통령 선거에 출마했을 때, 저는 "우리는 미국의 정신을 위해 싸우고 있습니다"라고 말했지만, 우리는 여전히 그렇습니다. 우리가 직면한 문제는 앞으로 몇 년 동안 우리가 더 많은 자유를 가질지 더 적은 자유를 가질지, 더 많은 권리를 가질지 더 적은 권리를 가질지에 대해서입니다. 제가 원하는 답이 무엇인지 알고 있고, 당신도 그렇게 생각합니다. 지금은 안주할 때가 아닙니다. 그것이 제가 재선에 출마하는 이유입니다. 왜냐하면 저는 미국을 알기 때문입니다. 우리가 착하고 점잖은 사람들이라는 걸 알고 있습니다. 저는 우리가 여전히 정직과 존중을 믿고 서로를 존엄하게 대하는 나라라는 것을 압니다. 우리는 증오를 안전한 곳으로 여기지 않는 나라입니다. 우리는 모든 사람이 평등하며, 이 나라에서 성공하기 위해서는 모든 사람에게 공평한 기회가 주어져야 한다고 믿습니다.

모든 세대의 미국인은 민주주의를 수호해야 하는 순간에 직면하게 될 것입니다. 우리의 개인적인 자유를 위해 일어서십시오. 투표권과 우리의 시민권을 위해 일어서십시오. 그리고 지금이 우리가 행동해야 할 때입니다.

참고문헌

강인선. (2019). "트럼프 대통령 탄핵의 진행 과정과 의미". 국가안보전략연구원.
　이슈브리프 통권 161호.

강준만. (2023). 《정치 무당 김어준》. 서울: 인물과사상사.

김선화. (2021). "미국 대통령 탄핵제도와 사례". 이슈와 논점 제1793호.

김희권. (2022). 《주간조선》. <D−5 미 중간선거, 여론조사에서 보이는 공화당
　의 승기>. 11월 3일.

노정태. (2023). 《신동아》. <트럼프, 보우소나루, 이재명의 공통점>. 1월 21일.

미국정치연구회. (2017). 《트럼프는 어떻게 미국 대선의 승리자가 되었나》. 서울:
　도서출판 오름.

민영선. (2006). "미국의 형사배심제도". 해외연수연구논문.

민정훈. (2022). "미국 중간선거 결과 분석 및 전망". 국립외교원 외교안보연구소
　세미나 발표자료. 11월 18일.

박종선. (2019). 《주간조선》. <로버트 뮬러 '뮬러 보고서'>. 6월 6일.

손미영. (2009). "김현승의 고독과 루시퍼 콤플렉스". 한민족문화연구. 제31집.

안병진. (2019). 《트럼프, 붕괴를 완성하다》. 서울: 북저널리즘.

양수연. (2021). 《시사IN》. <'트럼프 천국, 불신 지옥' 재림 꿈꾸는 큐어논>. 11월
　29일.

오승용. (2010). "한국 민주주의의 위기와 법의 지배: 정치의 사법화를 중심으로".
　민주주의와 인권 제10권 3호.

우태영. (2022). "21세기형 '스핀 독재자'들 … 명품 정장 뒤에 숨긴 꼼수". 7월 30일.

이장훈. (2022). 《월간중앙》. <美 11월 중간선거, '현직 대통령의 무덤' 징크스 깨
　지나>. 9월 17일.

이재석. (1999). "특별검사제도에 대한 고찰". 사회과학연구 제6집 3호.

임선영. (2022). 《중앙SUNDAY》. <'레드 웨이브' 잠재운 'Z 웨이브'…낙태권이 표심 움직였다>. 11월 12일.

임지봉. (2006). "명백, 현존하는 위험의 원칙과 우리나라에서의 적용사례". 세계 헌법연구 제12권 2호.

정재민. (2022). 《사사IN》. <트럼프 대선 출마 서두르게 한 네 가지 사법 리스 크>. 12월 15일.

조기숙. (2023). 《민주당은 어떻게 무너지는가》. 서울: 테라코타.

한승주. (2021). 《한국에 외교가 있는가》. 서울: 올림.

황준석. (2022). "2022 미국 중간선거 전망". 한국무역협회 통상지원센터 통상이 슈브리프 No. 7. 11월 1일.

헌법재판소 헌법재판연구원. (2020). "미국 대통령 행정명령과 사법심사". 비교 헌법연구 2020-B-4.

Bolton, John. (2020). *The room where it happened.* NY: Simon & Schuster. 박산호·김동규·황선영 옮김. (2020). 《그 일이 일어난 방》. 서울: 시사저널.

Cohen, Michael. (2020). *Disloyal: A Memoir: The True Story of the Former Personal Attorney to President Donald J. Trump.* NY: Skyhorse.

Comey, James. (2018). *A Higher Loyalty.* NY: Macmillan

D'Aatonio, Michael. (2016). *The truth about Trump.* NY: St. Martin's Press.

D'Aatonio, Michael & Eisner, Peter. (2020). *High crimes.* NY: St. Martin's Press.

Frum, David. (2018). *Trumpocracy.* NY: Harper. 박홍경 옮김. (2018). 《트럼프 공화국》. 파주: 넥서스.

Guriev, Sergei & Treisman, Daniel. (2022). *Spin Dictators.* NJ: Princeton University Press.

Hassan, Steve. (2019). *The cult of Trump.* NY: Free Press.

James, Aaron. (2016). *Assholes.* NY: Doubleday. 홍지수 옮김. (2016). 《또라이 트럼프》. 서울: 한국경제신문.

Klass, Brian. (2021). *Corruptible.* NY: Simon & Schuster. 서종민 옮김. (2022). 《권력의 심리학》. 서울: 웅진지식하우스.

Klein, Ezra. (2020). *Why we're polarized.* NY: Simon & Schuster. 황성연 옮 김. (2022). 《우리는 왜 서로를 미워하는가》. 파주: 월북.

Leonnig, Carol & Rucker, Philip. (2021). *I alone can fix it.* NY: Penguin.

Mercieca, Jennifer. (2020). *Demagogue for President*. TX: Texas A&M University Press.

Mounk, Yascha. (2018). *The People vs. Democracy: Why Our Freedom Is in Danger and How to Save It*. MT: Harvard University Press. 함규진 옮김. (2018). 《위험한 민주주의》. 서울: 미래엔.

Signer, Michael. (2009). *Demagogue*. NY: St. Martin's Press.

Snodgrass, Guy. (2019). *Holding the Line*. NY: Penguin.

Trump, Donald. (2015). *Crippled America*. NY: Simon & Schuster. 김태훈 옮김. (2016). 《불구가 된 미국》. 고양: 이레미디어.

Trump, Mary. L. (2020). *Too much and never enough*. NY: Simon & Schuster.

_____. (2021). *The Reckoning*. NY: Simon & Schuster.

Woodward, Bob. (2018). *Fear*. NY: Simon & Schuster. 장경덕 옮김. (2019). 《공포》. 서울: 리디.

_____. (2020). *Rage*. NY: Simon & Schuster. 이재학 옮김. (2020). 《분노》. 서울: 가로세로연구소.

〈저자 소개〉

염철현

고려대학교를 졸업하고 동 대학원에서 교육행정 및 (미국)교육법 전공으로 박사학위를 취득하고 현재 고려사이버대학교 인재개발학부 교수로 재직하고 있다. 가르치는 자는 '먼저 읽는 자(first reader)'라는 신념으로 다양한 분야의 독서를 하고 이를 자신의 성찰로 연결시키려는 노력을 하고 있다. 캘리포니아주립대(버클리) 동아시아연구소 방문학자(2010)와 대한교육법학회장(2013-14)을 역임하였으며, 주로 미국 사회와 교육 이슈에 대한 연구를 수행하고 논문을 발표했다. 주된 학술적 관심 분야는 역사, 문화, 인권, 리더십 등이며 대표적인 저·역서는 《세계의 차별철폐정책》(2008), 《다문화사회교육론》(2012), 《부족리더십》(2015), 《현대인의 인문학》(2021) 등이 있다.

〈감수자 소개〉

한승주

현재 고려대학교 정치외교학과 명예교수, 전직으로는 외무부 장관(1993-94), UN 사무총장 특별 대표(사이프러스 담당, 1996-97), UN르완다 인종학살 조사위원(1999), 주미대사(2003-2005), 재단법인 아산정책연구원 이사장을 역임하였다. 서울대학교를 졸업(1962)하고 UC Berkeley에서 정치학 박사 학위(1970)를 취득하였다. 고려대학교에 재직하기 이전에 뉴욕시립대학교 부교수(1970-78)로 재직하였으며, 미 콜럼비아대 초빙교수 겸 록펠러형제기금 명예연구원(1986-87), 스탠포드 대학교 교환교수(1992, 1995)를 역임하였다. 저서로는 《Korean Diplomacy in an Era of Globalization》(1995), 《Korea in a Changing World》(1995), 《Changing Values in Asia》(1999), 《남과 북 그리고 세계》(2000), 《외교의 길》(2017), 《ON THE BRINK(A Korean Diplomat's Journey for Peace)》(2018), 《한국에 외교가 있는가》(2000) 등이 있다.

데마고그 트럼프

초판발행	2023년 6월 30일
지은이	염철현
감수자	한승주
교열교정	박신아
펴낸이	안종만 · 안상준
편 집	양수정
기획/마케팅	노 현
표지디자인	BEN STORY
제 작	고철민 · 조영환
펴낸곳	(주) 박영사
	서울특별시 금천구 가산디지털2로 53, 210호(가산동, 한라시그마밸리)
	등록 1959. 3. 11. 제300-1959-1호(倫)
전 화	02)733-6771
f a x	02)736-4818
e-mail	pys@pybook.co.kr
homepage	www.pybook.co.kr
ISBN	979-11-303-1757-1 93340

정 가   19,000원